DIE 4 SÄULEN DES
SCHAMANISMUS

FUNDAMENT

GEISTER

REISE

VERBINDUNG

113 TECHNIKEN UND HINWEISE FÜR EINSTEIGER.

Alles, was Sie über Heilmethoden, Visionen, Reisen, Trancen, Rituale und die Kommunikation mit der Geisterwelt wissen müssen

INGRID CLARKE

Inhaltsübersicht

Einführung

Haben Sie sich verirrt und suchen Sie nach Anleitung, um sich wieder mit der spirituellen Seite des Lebens zu verbinden? Sind Sie vom Schamanismus fasziniert, brauchen aber Hilfe, um zu wissen, wo Sie anfangen sollen? Dieses Buch ist die perfekte Quelle, um eine der ältesten Praktiken zu verstehen, die Ihnen auf Ihrer Reise Heilung bringen kann. Es enthält das Wissen und das Verständnis, das Sie brauchen, um Fortschritte zu machen.

Inmitten der Strapazen des modernen Lebens plagen uns täglich die Auswirkungen von physischem und psychischem Stress. Um dem entgegenzuwirken, bedarf es alternativer Möglichkeiten, um einen Zustand des Gleichgewichts zu erlangen. Der Schamanismus bietet eine Möglichkeit, sich mit den spirituellen Aspekten des Kosmos in Einklang zu bringen und die Kraft der Schutzgeister für Heilung und Verständnis zu erschließen.

Nachdem ich ein Burn-out erlebt hatte, habe ich mich dem Studium verschiedener Heilpraktiken gewidmet und Einblicke in metaphysische Techniken und okkulte Bräuche aus der ganzen Welt gewonnen. Als Empathin möchte ich das Wissen und das Verständnis, das ich durch lebenslange Erfahrungen und gründliche Forschung gewonnen habe, an diejenigen weitergeben, die Heilung suchen. Anschließend stelle ich in diesem Buch die vier Säulen des Schamanismus vor und zeige, wie sie Ihre Sichtweise auf Portale, die eine Verbindung zu den von wohlwollenden Geistern bewohnten Reichen herstellen, beeinflussen können. Durch all das werden Sie entdecken, wie Sie Ihr Bewusstsein für die Heiligkeit der Natur öffnen, Kontakt mit diesen Wesenheiten aufnehmen und mit ihnen kommunizieren können, um Ratschläge und Therapie zu erhalten.

In den ersten drei Kapiteln werden Sie den Schamanismus tiefer verstehen, einschließlich seiner Geschichte, seiner Überzeugungen und seiner Heilungsmöglichkeiten. In Kapitel vier werden die verschiedenen Wesenheiten, mit denen Sie in Verbindung treten können, näher untersucht, und in den Kapiteln fünf und sechs geht es um die schamanische Passage und andere Reiche. Schließlich wird in den Kapiteln sieben und acht näher erläutert, wie man eine schamanische Reise unternimmt, um mit seinen Geistführern zu kommunizieren und Weisheit für die Heilung zu erlangen.

Durch die Arbeit an diesem Buch entdeckte ich ein klareres Verständnis für die spirituellen Dimensionen um mich herum und wie ich mein Gleichgewicht finden kann. Ich bekam Werkzeuge an die Hand, um schwierige Zeiten zu überstehen und mit diesem neu gewonnenen Wissen im Einklang zu bleiben. Es hat mein Leben zum Besseren verändert, und das kann es auch für jeden anderen tun, der Anleitung braucht. Durch dieses Buch können Sie Harmonie und Gleichgewicht erreichen, indem Sie sich direkt mit der spirituellen Welt verbinden. Dieses Buch leitet Sie an, Ihr Bewusstsein für göttliche Wesen zu öffnen und sich mit ihnen zu verbinden, um ihre unendliche Kraft für Heilung, Gleichgewicht und Harmonie zu gewinnen.

Darüber hinaus soll Ihnen dieses Buch Zugang zu den Geheimnissen des Schamanismus verschaffen und eine andere Sichtweise auf das Leben vermitteln. Indem Sie diese uralte Weisheit nutzen, können Sie Ihre innere Kreativität aktivieren und sie nutzen, um sinnvolle Veränderungen in Ihrem Leben herbeizuführen. Mit diesem Wissen können Sie Ihre gegenwärtigen Probleme aus einer völlig anderen Perspektive betrachten, was Ihnen hilft, Lösungen zu finden.

Erforschen und entdecken Sie also den schamanischen Weg mit diesem Buch. Jedes Kapitel enthält Schritte und Strategien, die Ihnen helfen, die Theorien und Techniken besser zu verstehen, die Sie anwenden können, um Ihre spirituelle Reise erfüllender zu gestalten. Lernen Sie, wie Sie auf das Wissen der Geister zugreifen können, um Ihr Leben mit schamanischer Praxis wieder in Balance und Freude zu bringen. Erschließen Sie die Macht der göttlichen Wesen, um die Harmonie in allen Aspekten Ihres Lebens wiederherzustellen.

Begeben Sie sich jetzt auf ein Abenteuer, bei dem Sie sich selbst entdecken können. Alles, was Sie brauchen, ist die Bereitschaft zu erforschen und ein offenes Herz. Begeben Sie sich auf eine wundersame, magische und heilende Reise der schamanischen Praxis. Lassen Sie sich vom uralten Wissen der Geister zu einem Ort des Gleichgewichts und der Harmonie führen.

Säule 1
Fundament

Willkommen zur ersten Säule des Schamanismus, dem Fundament. Hier werden wir uns mit den Grundlagen dieser uralten spirituellen Praxis befassen, die seit Jahrtausenden Teil von Kulturen auf der ganzen Welt ist. Der Kernglaube des Schamanismus ist, dass alles auf der Welt einen Geist hat und dass man mit diesen Geistern kommunizieren kann, um Führung und Heilung zu finden. Im weiteren Verlauf werden wir das Konzept der Geisterwelt und die Rolle des Schamanen untersuchen, der als Vermittler zwischen der physischen und der spirituellen Welt fungiert. Schließlich werden wir erörtern, wie schamanische Heilung Menschen helfen kann, ihr körperliches, emotionales und spirituelles Gleichgewicht zu erreichen. Entdecken Sie mit uns die Geschichte und die Traditionen, die diese uralte Praxis umgeben.

— 1 —

Was Sie über Schamanismus wissen müssen

Seit Tausenden von Jahren ist der Schamanismus ein fester Bestandteil spiritueller Praktiken weltweit. Diese Praxis beinhaltet eine Bewusstseinsveränderung und die Verbindung mit Geistern und Naturkräften. Obwohl der Schamanismus historisch gesehen aus abgelegenen oder indigenen Gemeinschaften stammt, wird er inzwischen auch von vielen anderen Kulturen verwendet. Menschen aus allen Bereichen haben heute die Kraft dieser Praxis erkannt, um emotionale, körperliche und spirituelle Transformation zu erreichen.

Was ist Schamanismus?

In der spirituellen Disziplin des Schamanismus werden Heilung und Kommunikation mit der Geisterwelt sowie ein veränderter Bewusstseinszustand (VBZ) praktiziert. Um diesen veränderten Zustand zu erreichen, kann man Techniken wie Trommeln oder Singen anwenden. Bei einigen Ritualen werden psychedelische Pflanzen oder Pilze verwendet, um eine einzigartige bewusstseinsverändernde Erfahrung zu machen, was jedoch immer mit Vorsicht zu tun ist. Durch diese Praktiken streben Schamanen danach, Zugang zu tiefem spirituellem Wissen zu erlangen und die Verbundenheit allen Lebens zu verstehen.

Der Zweck des Schamanismus ist es, den Menschen zu helfen, mit ihrem tieferen Selbst in Verbindung zu treten und geheimes Wissen zu erschließen, wie z. B. vergangene Erfahrungen, zukünftige Ereignisse und sogar alternative Reiche, wie den Himmel. Schamanische Heilung wirkt sowohl auf die körperlichen als auch auf die spirituellen Aspekte; sie kann körperliche Probleme angehen und gleichzeitig dabei helfen, Frieden im eigenen Geist zu finden, wodurch die Probleme des Lebens leichter zu bewältigen sind.

Um herauszufinden, ob Sie ein Schamane sind, stellen Sie sich bestimmte Fragen. Eine „Ja"-Antwort auf eine dieser Fragen könnte bedeuten, dass Sie in Ihrem Leben schamanische Techniken praktiziert haben, auch wenn Sie sich dessen nicht bewusst sind.

- Fühlen Sie eine besondere Verbindung zu Tieren, auch zu Ihren Haustieren?
- Können Sie tiefe Beziehungen zu Menschen, Familie und Freunden aufbauen?
- Ist die Verwendung von Pflanzen, Kräutern und Kristallen eine einfache Möglichkeit für Sie, anderen bei der Heilung ihrer körperlichen und emotionalen Beschwerden zu helfen?

Wussten Sie, dass es auch heute noch Schamanen gibt? Vielleicht lebt sogar einer in Ihrer Nähe. Ihre Spezialität ist das Heilen; diese Schamanen gibt es überall im Westen und in anderen Regionen. Sie unterscheiden sich von den traditionellen Schamanen dadurch, dass sie die moderne westliche Medizin und Psychologie als Grundlage für ihre Heilmethoden nutzen. Dennoch nutzen sie viele der von historischen Schamanen praktizierten Techniken wie Meditation oder Wahrsagerei, um Einblicke in Ihren Körper,

Ihren Geist und Ihre Seele zu gewinnen, die Ihnen bei der Genesung helfen können.

Der Begriff „Schamane" stammt aus den tungusischen Sprachen. Ein Schamane ist ein spiritueller Führer, der seine Fähigkeiten zum Heilen, für göttliche Handlungen und zur Verbindung mit unsichtbaren Bereichen einsetzt. Diese Praxis ist auch heute noch bei indigenen Völkern in Sibirien, Kanada und anderen Gebieten zu finden. Durch den Einsatz spiritueller Techniken überbrücken Schamanen die Kluft zwischen physischen und nicht-physischen Realitäten zum Nutzen ihrer Gemeinschaften.

Obwohl der Schamanismus heute weit verbreitet ist, lassen sich seine Wurzeln bis zur traditionellen sibirischen Kultur zurückverfolgen. In Sibirien waren Schamanen hoch angesehen für ihre Fähigkeit, in Trancezustände zu gelangen und andere Welten zu erforschen. Wann immer jemand Heilung oder Führung von jenseits unserer Realität benötigte, wurden diese Schamanen zu Hilfe gerufen. Sie halfen Menschen bei lebensverändernden Ereignissen wie der Geburt eines Kindes oder der Heirat. Außerdem konnten sie Jägern helfen, den Erfolg bei der Jagd auf Tiere, die für ihre Stämme von Bedeutung waren, wie z. B. Bären, vorherzusagen.

Der Schamanismus ist jedoch keine Religion, sondern eine uralte Form der Spiritualität. Das Heidentum hingegen umfasst viele verschiedene religiöse Überzeugungen. Im Gegensatz zum Heidentum sind für den Schamanismus keine bestimmten Gottheiten oder Glaubensvorstellungen erforderlich; alles, was es braucht, ist eine Person mit einer Leidenschaft für die Verbindung mit dem eigenen Inneren und der natürlichen Welt. Er wird von Menschen aus verschiedenen Kulturen rund um den Globus praktiziert, und jeder, der bereit ist, sich darauf einzulassen, kann daran teilnehmen.

Entgegen weit verbreiteter Missverständnisse haben Schamanen und Hexerei-Praktizierende keinen einheitlichen Verhaltenskodex wie das Christentum oder der Islam. Stattdessen schöpfen sie in der Regel aus mehreren Traditionen, um ihre einzigartige Praxis zu entwickeln. Heidentum und Hexerei werden oft synonym verwendet, wenn es um diese Art von Magie geht, doch haben die beiden Begriffe unterschiedliche Bedeutungen, je nachdem, welche Gruppe sie verwendet. Hexen und Hexer neigen dazu, eklektisch zu sein und sich von mehreren Quellen inspirieren zu lassen, anstatt sich an einen bestimmten Weg zu halten.

Ebenso sind Schamanen nicht dazu da, Schaden anzurichten. Ihr Ziel ist es vielmehr, durch ihr Wissen, ihre Intuition und ihre Heilfähigkeiten das Gleichgewicht in der Welt herzustellen. Diejenigen, die im Rahmen ihrer spirituellen Praxis an einer schamanischen Zeremonie teilgenommen haben, wissen, dass Schamanen keine grausamen Praktiken ausüben; stattdessen arbeiten sie mit Geistführern zusammen, die ihnen dabei helfen, Menschen in schwierigen Zeiten zu helfen. Schamanen gibt es seit der Antike und auch heute noch, um bei Bedarf Ratschläge zu erteilen.

Traditioneller und zeitgenössischer Schamanismus

Schamanismus ist eine besondere Methode der Auseinandersetzung mit der Welt durch eine innige Beziehung zur Natur und zu anderen Wesenheiten. Dabei werden veränderte Bewusstseinszustände genutzt, die in der Regel durch bewusstseinserweiternde Kräuter wie Peyote unterstützt werden. Auf diese Weise können Schamanen Zugang zu spirituellen Kräften erhalten und die tiefsten Fragen des Lebens erforschen, wie z. B. die Frage: *„Warum sind wir hier?"* Diese uralte Praxis bietet Einblicke in ein Leben in Harmonie mit der natürlichen Umgebung und ihren Bewohnern, während gleichzeitig spirituelles Wachstum ermöglicht wird. Schamanen können ihr Wissen nutzen, indem sie sich mit jenseitigen Wesen für Rituale verbinden, die als „Seelenrückholung" bekannt sind und bei denen eine Seele, die vielleicht irgendwo feststeckt, gerettet werden muss, bevor sie dorthin zurückkehren kann, wo sie hingehört.

Singen und Trommeln sind mächtige Werkzeuge, um in einen höheren Bewusstseinszustand zu gelangen. Diese Praktiken ermöglichen es, die tiefsten Ebenen des Geistes zu erreichen und einen veränderten Zustand zu erleben. Die rhythmischen Wiederholungen rufen eine tranceähnliche Atmosphäre hervor und erleichtern die innere Erforschung. Durch diese Praxis kann in esoterische Bereiche vorgedrungen werden, die für den Durchschnittsmenschen kaum zugänglich sind.

Als Heiler, Lehrer, Seher und Führer sind Schamanen ein fester Bestandteil vieler Gemeinschaften. Sie dienen als Brücke zwischen den Menschen und der Geisterwelt, eine Rolle, die in indigenen Kulturen oft verehrt wird. Schamanismus gibt es in Regionen auf der ganzen Welt, von Nord- und Südamerika über Europa, Australien, Asien und Afrika, und er wird auch von nicht-indigenen Völkern praktiziert. Schamanen werden für ihre Arbeit im Namen der Mitglieder ihrer Gemeinschaft geschätzt und sind in weiten Teilen der Welt ein Beispiel für spirituelles Verständnis.

Im Laufe der Geschichte haben viele Stämme tief verwurzelte Traditionen mündlich von einer Generation zur nächsten weitergegeben. Der Schamanismus ist heute durch diese mündlich überlieferten Lehren in Form von Geschichten lebendig. So hat sich der Schamanismus weiterentwickelt und an die heutigen Gegebenheiten angepasst. Während der traditionelle Schamanismus Praktiken umfasst, die ihren Ursprung in der Antike haben, beinhaltet der moderne Schamanismus neue Techniken und Glaubensvorstellungen, die die heutige Welt widerspiegeln.

Praktizierende des modernen Schamanismus verwenden verschiedene Hilfsmittel und Techniken, um sich mit der natürlichen Welt und den spirituellen Wesen zu verbinden. So verwenden sie geführte Meditationen, Visualisierung und Energiearbeit. Auch wenn einige Praktizierende traditionelle schamanische Praktiken in ihre Arbeit einbeziehen, wird der zeitgenössische Schamanismus oft als zugänglicher und offener für Interpretationen angesehen. Anstatt sich an strenge Traditionen zu halten, konzentrieren sich moderne Schamanen auf individuelles Wachstum und die Förderung einer Verbindung mit dem Göttlichen. Moderne Schamanen arbeiten auch mit Menschen unterschiedlicher Kulturen und Hintergründe zusammen, da sie erkennen, dass Spiritualität eine universelle menschliche Erfahrung ist.

Ein bemerkenswerter Unterschied zwischen traditionellem und modernem Schamanismus ist ihr spiritueller Ansatz. Während sich der traditionelle Schamanismus auf die Interaktion mit spirituellen Wesenheiten außerhalb der eigenen Person konzentriert, liegt der Schwerpunkt des modernen Schamanismus auf dem persönlichen Wachstum und der Entwicklung des Einzelnen. Moderne Schamanen können schamanische Techniken wie Reisen oder tiefe Meditation anwenden, um Einsichten zu gewinnen, aber der Schwerpunkt liegt oft auf der Selbstfindung. Außerdem kann der moderne Schamanismus als eine eher individualistische Praxis angesehen werden. Im Gegensatz dazu bezieht der traditionelle Schamanismus in der Regel die gesamte Gemeinschaft ein. Traditioneller und moderner Schamanismus haben jedoch eine gemeinsame spirituelle Verbindung und ein gemeinsames Heilungsziel, auch wenn sich ihre Methoden und Ansätze unterscheiden.

Schamanen glauben, dass alle Wesen einen Geist besitzen, von Felsen und Bäumen bis hin zu Tieren. Durch die richtige Interaktion mit diesen Geistern können sie sich selbst heilen. Ob Sie nun durch andere Dimensionen reisen oder Trost in einem friedlichen Spaziergang durch die Natur finden, wenn Sie sich dem Schamanismus zuwenden, schließt sich der Kreis zu den Praktiken Ihrer Vorfahren und der Schamanen vergangener Jahrhunderte.

Geschichte

Schamanismus ist eine uralte spirituelle Praxis, die von Generation zu Generation weitergegeben wird. Ursprünglich aus Sibirien stammend und schließlich weltweit berühmt geworden, haben indigene Völker seine Praktiken überall übernommen, von Nord- und Südamerika bis Afrika und Australien. Der Begriff „Schamane" stammt von dem tungusischen Wort „Saman", das sich auf eine Person bezieht, die in einen tranceähnlichen Zustand eintreten und mit der Geisterwelt kommunizieren kann. Als eine der ersten Gesellschaften, die sich dem Schamanismus zuwandten, trugen die Tungusen ihren Glauben in ganz Sibirien weiter. Heute wird er noch von verschiedenen indigenen Gruppen in vielen Teilen der Welt praktiziert.

In jeder Kultur hatte der Schamanismus grundlegende Merkmale, die den meisten schamanischen Traditionen gemeinsam sind. Dazu gehören die Fähigkeit, mit spirituellen Wesenheiten zu kommunizieren, in einen Trancezustand oder ein verändertes Bewusstsein einzutreten, um Zugang zur Geisterwelt zu erhalten, und der Glaube, dass alle Dinge im Leben miteinander verbunden sind. Schamanen genossen in ihren Gemeinschaften hohes Ansehen und verließen sich auf ihr einfühlsames Verständnis der spirituellen Welt, um körperliche und geistige Leiden zu heilen, Träume zu deuten und den Menschen mit dem Göttlichen zu verbinden. Jede Zivilisation hat diese Praktiken modifiziert, um sie an ihr jeweiliges Umfeld anzupassen, aber diese Gemeinsamkeiten sind unverändert geblieben.

Die uralte Praxis des Schamanismus war in Jäger- und Sammlergesellschaften, die in prähistorischen Zeiten, bevor es schriftliche Aufzeichnungen gab, lebten, weitverbreitet. Diese primitive Lebensweise beruhte stark auf der Verbindung mit der Natur; ihre Riten und Rituale waren ein wesentlicher Bestandteil dieser Beziehung. Schamanen bedienten sich verschiedener Methoden, um einen verklärten Zustand zu erreichen und Zugang zur spirituellen Welt zu erhalten – durch Trommeln, Singen und den Konsum entheogener Substanzen. Von hier aus konnten sie auf übernatürliche Wesenheiten und Fähigkeiten zugreifen, um Heilung, Wissen und Führung zu erhalten.

Überall auf der Welt gibt es in zahlreichen Kulturen Schamanen. Von den Medizinmännern und -frauen der amerikanischen Ureinwohner bis zu den Songmen der australischen Aborigines, den Sehern der nordischen Heiden, den afrikanischen Stammesheilern, die Kräuter und Zaubersprüche nutzen, und den japanischen Buddhisten, die den Shintoismus durch Gebetsrituale statt durch direkten Kontakt praktizieren – all diese Menschen haben einzigartige Methoden, um mit den Geistern zu kommunizieren. Schamanen waren auch in den verschiedenen Kunstformen der Musik, des Tanzes und des Geschichtenerzählens bewandert, die sie nutzten, um Wissen und Erkenntnisse an ihre Gemeinschaft weiterzugeben. Außerdem galten sie als weise Ratgeber, die denjenigen, die sie um Hilfe baten, den Weg wiesen. Indem sie diese verschiedenen Ausdrucksformen nutzten, brachten Schamanen die Weisheit, die sie aus dem spirituellen Bereich erhielten, wirksam zum Ausdruck.

In vielerlei Hinsicht gilt der Schamanismus als Vorläufer vieler Aspekte des modernen Lebens, von der Religion über die Wissenschaft bis hin zur Medizin. Indem sie sich in veränderte Bewusstseinszustände versetzten, wendeten die Schamanen Methoden an, wie sie heute in der Hypnose und Meditation verwendet werden. Das Beten zu und das Gespräch mit geistigen Wesenheiten ist in vielen Religionen ein Ritual, ähnlich wie die Wahrsagerei. Was die Heilung anbelangt, so sind die natürlichen Heilmittel mit der Kräutermedizin vergleichbar, die auch in der modernen Medizin eingesetzt wird.

Mit dem wachsenden Interesse an spirituellen Beschäftigungen hat der Schamanismus an Popularität gewonnen. Moderne Schamanen haben historische Praktiken an ihren Glauben und ihre Gewohnheiten angepasst und dabei neue Methoden eingeführt, ohne das Erbe der Tradition zu vernachlässigen. Wer nach Heilung, Einsicht oder einer engeren Beziehung zur Welt sucht, kann von dieser uralten Praxis profitieren. Der Schamanismus bietet eine Fülle an Wissen, das genutzt werden kann, um ein besseres Verständnis für sich selbst und seine Umwelt zu entwickeln.

Schamanismus in der Neuzeit

In der heutigen Welt ist der Schamanismus zu einem Mittel geworden, um besser zu verstehen, wie die menschliche Energie im Einklang mit unserer Umwelt funktioniert. Es geht nicht einfach darum, Trommeln zu schlagen oder um ein Feuer zu tanzen; vielmehr ist es ein Ansatz, sich selbst und andere zu heilen, indem man sich mit dem Universum verbindet. Der Schamanismus ermöglicht uns den Zugang zu unserem Inneren Selbst, zur spirituellen Welt, zur Natur und sogar zu unseren Ahnen. Dieser Lebensweg bietet uns eine Perspektive und eine Verbindung, die wir für unser persönliches und kollektives Wohlbefinden nutzen können.

Außerdem helfen die heutigen schamanischen Praktiken denjenigen, die an körperlichen und geistigen Krankheiten wie Depressionen und Angstzuständen leiden. Anstatt ihre Emotionen mit Medikamenten zu überdecken, die dauerhafte Schäden verursachen können, helfen diese Heiler ihren Patienten, ihre Gefühle zu erkennen. Um diesen Heilungsprozess zu fördern, führen Schamanen häufig Rituale durch, wie z. B. die Verbrennung von Kräutern, um das Energiefeld eines Menschen zu reinigen und ihn wieder mit seinem wahren Selbst zu verbinden. Dadurch können sie sich letztlich von anhaltenden Gefühlen des Drucks befreien und einen Weg nach vorn finden, ohne zurückgehalten zu werden.

Daher sind Schamanen keine Quelle des Unheils oder in Gehirnwäsche, abergläubische Praktiken oder finstere Kulte verwickelt.

Stattdessen leitet sich der Begriff „Schamane" von einer tungusischen Sprache ab, zu der auch Ewenkisch gehört, und bedeutet „Heiler". Dies deutet auf ihre Fähigkeit hin, durch ihre Praxis zu heilen. Je mehr die Energie und die Seele eines Menschen mit der Natur und ihren zahlreichen Kräften in Einklang steht, desto mehr wird ein Schamane in der Lage sein, die Menschen in seiner Umgebung zu heilen.

Die Suche nach einem Schamanen ist einfacher denn je. Es gibt sie in einer Vielzahl von Stilen und überall auf der Welt. Wählen Sie jedoch einen, der sich in der von Ihnen gewünschten Tradition auskennt und bereit ist, Sie zu führen, um die beste Unterstützung und Orientierung zu erhalten.

Die Menschen wenden sich seit langem an Schamanen, um Heilung zu finden, und die Praktiken der amerikanischen Ureinwohner sind nur eine dieser Traditionen. Heute gibt es viele verschiedene Methoden für schamanische Rituale. Es gibt Einzelsitzungen und Gruppensitzungen in physischen oder virtuellen Räumen, zu Hause oder auf Reisen. Unabhängig von der Umgebung bieten diese Zeremonien die Möglichkeit, die unerschöpflichen inneren Kraftreserven anzuzapfen.

So kann der Schamanismus den Menschen in der heutigen Gesellschaft in mehrfacher Hinsicht helfen. Er kann Menschen dabei unterstützen, ihre Probleme zu verstehen und Lösungen für sie zu finden. Darüber hinaus ist der Schamanismus ein mächtiges Instrument, um eine Verbindung mit dem eigenen Inneren und dem Universum außerhalb des eigenen Körpers herzustellen. Ebenso kann er Probleme in Ihrem persönlichen Leben oder in zwischenmenschlichen Beziehungen lösen. Wie bereits erwähnt, gibt es jedoch viele verschiedene Arten von schamanischen Praktiken. Finden Sie also eine, die zu Ihren Überzeugungen und Ihrer Persönlichkeit passt.

2

Schamanische Glaubensvorstellungen

Wenn wir die Ursprünge des Schamanismus erforschen, müssen wir auch ihren Glauben und die Rolle, die der Schamane darin spielt, verstehen. Um diese uralte Praxis vollständig zu verstehen, muss man erforschen, warum eine solche Reise unternommen wird. Wir werden uns auf dieses Unterfangen einlassen, um Einblick in die Geheimnisse der schamanischen Wege zu gewinnen.

Der Schamane kann mit der Geisterwelt kommunizieren

Der Schamane ist ein spiritueller Praktiker, der in vielen indigenen Kulturen weltweit seit Tausenden von Jahren präsent ist. In seinem Kern ist der Schamanismus ein Glaubenssystem, das auf der Idee beruht, dass alles miteinander verbunden ist und dass spirituelle und physische Bereiche nicht voneinander getrennt sind. Tatsächlich glaubt der Schamane, dass die Geister überall um uns herum sind und wir durch schamanische Praktiken mit ihnen in Kontakt treten können.

Als Brücke zwischen der materiellen und der spirituellen Welt wird der Schamane für sein Talent verehrt, mit den Jenseitigen zu kommunizieren. Von verstorbenen Ahnen bis hin zu Göttern und Göttinnen – man sagt, sie seien in der Lage, die Geister, die unsere Welt bewohnen, zu erreichen und mit ihnen zu sprechen. Die Verbindung mit der Lebenskraft von Pflanzen und Tieren kann zu Einsichten führen und bei der Heilung helfen. Darüber hinaus setzen Schamanen verschiedene Werkzeuge und Techniken ein, um mit der Geisterwelt zu kommunizieren. Dazu gehören Singen, Trommeln und Tanzen. Manche Schamanen verwenden halluzinogene Pflanzen oder andere Substanzen, um in veränderte Bewusstseinszustände zu gelangen, die die Kommunikation mit der Geisterwelt erleichtern können.

Eine der wichtigsten Arten, wie der Schamane mit der Geisterwelt kommuniziert, ist das Reisen. Bei dieser Technik begibt sich der Schamane in einen tranceähnlichen Zustand und reist in andere Welten oder Reiche. Es heißt, dass der Schamane in diesem Zustand mit den Geistern kommunizieren kann und von ihnen Führung erhält. Eine gängige Technik besteht darin, eine Trommel oder ein anderes rhythmisches Instrument zu verwenden, um den Schamanen in einen Trancezustand zu versetzen. In der Regel setzt oder legt sich der Schamane hin, schließt die Augen und lässt sich vom Klang der Trommel in einen veränderten Bewusstseinszustand führen. In diesem Zustand kann der Schamane andere Welten erforschen und mit Geistern kommunizieren.

Wahrsagen ist ein weiteres Mittel, mit dem Schamanen mit der Geisterwelt in Kontakt treten. Bei dieser Praxis werden Hilfsmittel wie Knochen, Karten oder andere Gegenstände verwendet, um Einblick in eine Situation zu erhalten oder von der Geisterwelt geleitet zu werden. Der Schamane kann eine Frage stellen und dann das Werkzeug benutzen, um eine Antwort von den Geistern zu erhalten. Darüber hinaus können Träume mehr sein als nur zufällige, zusammenhanglose Bilder und Handlungen. Schamanen glauben, dass sie ein Tor sind, durch das weise und mächtige Botschaften aus der Geisterwelt übermittelt werden können. Ihrer

Meinung nach kann die Traumdeutung dazu beitragen, Einblicke in dringende Angelegenheiten oder sogar Führung aus der geistigen Welt zu erhalten.

Die Verbindung mit der geistigen Welt ist eine Gabe der Geister. Es heißt, dass die jenseitigen Wesenheiten den Schamanen auswählen und dass sie sich einem strengen, rigorosen Trainingsprogramm unterziehen müssen, um ihr Talent zu verfeinern. Dadurch entwickeln und verfeinern sie ihre Fähigkeit, mit Wesen jenseits unserer Existenzebene zu kommunizieren.

Der Schamane wird als derjenige angesehen, der heilt und mit der geistigen Welt spricht. Durch die Verbindung mit den Geistern können sie denjenigen helfen, die körperliche Heilung benötigen. Durch die enge Zusammenarbeit mit einem Patienten können sie die Ursache für dessen Leiden herausfinden und dann in dessen Namen mit jenseitigen Wesenheiten sprechen, um die Heilung zu erleichtern. In bestimmten Kulturen werden Schamanen nicht nur zu medizinischen Zwecken angerufen; sie gelten als Medien, um mit den Geistern über die Jagd oder den Ackerbau zu sprechen und Zeremonien für Lebensübergänge wie Geburt, Heirat und Tod durchzuführen.

Der Schamane kann Krankheiten behandeln, die durch bösartige Geister verursacht wurden

Schamanen sind begabte Geistheiler, die denjenigen, die unter bösartigen Geistern leiden, Frieden und Harmonie bringen können. Krankheiten, die durch böse Geister verursacht werden, sind weit verbreitet. Mit der Hilfe eines Schamanen können diese Einflüsse beseitigt werden, sodass sich der Seelenfrieden und die Gesundheit verbessern.

Bei Krankheiten, die mit bösartigen Geistern zusammenhängen, wird der Schamane angerufen, um sie zu heilen. Sobald die Quelle der Krankheit aufgedeckt ist, wird der Schamane ein Ritual durchführen, um den bösen Geist zu vertreiben, der von dem Menschen Besitz ergriffen hat. Rituale können allein oder in der Gruppe durchgeführt werden, wobei Beschwörungen, Zaubersprüche und Magie harmonisch eingesetzt werden, um die bösen Kräfte zu vertreiben.

Wenn Schamanen eine Krankheit heilen, berücksichtigen sie verschiedene Faktoren, bevor sie die beste Maßnahme wählen. Einer dieser Faktoren ist der Schaden, der dem Einzelnen, der Familie oder der Gemeinschaft zugefügt wird. Nehmen wir an, eine Person ist von einem bösen Geist besessen, der ihrer Familie und anderen nahestehenden Personen Schaden zufügt. In einem solchen Fall kann der Schamane ein Ritual für die gesamte Gemeinschaft durchführen, um die negativen Kräfte zu beseitigen, was die aktive Beteiligung der gesamten Gemeinschaft erfordert.

Darüber hinaus beinhaltet diese Praxis den Eintritt in einen tranceähnlichen Zustand, in dem der Schamane mit Geistern kommunizieren und sie vertreiben kann. In diesem Zustand der spirituellen Kommunikation kann der Schamane vom Geist eine Erklärung verlangen, warum er seinem Wirt Schaden zufügt, wenn ein Problem zwischen ihnen ungelöst geblieben ist. Wenn der Patient zum Beispiel eine Missetat begangen hat, kann die Angelegenheit geklärt werden, bevor die negative Energie vom Körper weggeleitet wird.

Außerdem können Schamanen Talismane herstellen, die helfen, schädliche Geister von ihren Patienten abzuwehren. Für die Herstellung dieser Schutzamulette werden Rohstoffe verwendet, die mit spiritueller Energie durchdrungen sind. In der Regel dient ein Talisman aus Knochen oder Tierfell als Kanal für die Kraft des Schamanen und hilft, negative Energie vom Patienten fernzuhalten. Sobald die Behandlung abgeschlossen ist, kann der Betroffene den Talisman tragen oder mit sich führen, damit dieser ihn weiterhin schützt.

Darüber hinaus können Schamanen natürliche Heilmittel einsetzen, um den Körper zu stärken und künftige bösartige Angriffe von Geistern zu verhindern. Verordnete Heilmittel wie Kräuter, Tränke und spirituelle Gegenstände sollen das Immunsystem unterstützen und das geistige und körperliche Wohlbefinden des Patienten wieder ins Gleichgewicht bringen. Kräuter können zum Beispiel verwendet werden, um Körper und Geist zu reinigen, den Geist zu läutern und die Abwehrmechanismen des Körpers gegen künftige negative Energie zu stärken. In der Zwischenzeit können Tränke negative Geister vertreiben und künftige Angriffe abwehren.

Zusammenfassend lässt sich sagen, dass Schamanen über außergewöhnliche spirituelle Heilfähigkeiten verfügen, um Krankheiten zu lindern, die von bösen Geistern verursacht werden. Diese bösartigen Wesenheiten können durch eine Reihe von Ritualen, Beschwörungen und Zaubersprüchen identifiziert und ausgetrieben werden. Indem sie mit den Geistern in einem tranceähnlichen Zustand kommunizieren, können Schamanen negative Energie entfernen und die Gesundheit von Menschen wiederherstellen, die unter bösartigen Geistern leiden.

Der Schamane kann auf Visionssuche gehen

Eine Visionssuche kann für Schamanen ein wirksames Mittel sein, um Einsichten und Weisheit aus der Geisterwelt zu erlangen. Es ist eine intensive Form der Meditation, die es ihnen ermöglicht, unsichtbare Bereiche zu betreten, Visionen zu empfangen und Ratschläge von übernatürlichen Wesenheiten zu erhalten. Verschiedene Kulturen und schamanische Traditionen bieten unterschiedliche Ansätze für die Suche, wobei jede die Teilnehmer auf eine einzigartige Reise der Selbstbeobachtung und Erleuchtung führt.

Um einen tranceähnlichen Zustand herbeizuführen, nehmen Schamanen in einigen Kulturen Psychedelika oder andere Substanzen ein. In anderen Kulturen müssen sie mehrere Tage lang fasten und meditieren, um sich körperlich und geistig auf die Reise in die spirituelle Sphäre vorzubereiten. Nach Abschluss der Vorbereitung begeben sie sich auf eine Entdeckungsreise, bei der sie die Grenzen des Realen und des Jenseitigen ausloten.

Geführt vom Schlag einer Trommel, begeben sich Schamanen auf eine Reise in die Geisterwelt, wo sie verschiedenen Geistern und Wesenheiten begegnen, die ihnen Weisheit und Führung bieten. Diese ätherischen Wesen können in Form von Tieren, Pflanzen, Ahnen oder Fabelwesen erscheinen. Während dieser Visionssuche empfängt der Schamane Botschaften in Form von Visionen, Klängen und Empfindungen, die ihm Aufschluss über sein Leben geben oder darüber, was er tun kann, um anderen zu helfen. Diese Einsichten können zum Beispiel Wissen über Heilungsrituale, Wahrsagetechniken und andere spirituelle Praktiken beinhalten. Alle diese Lehren zielen darauf ab, die Menschen mit der Kraft der Natur und der Verbindung zu ihrem Inneren Selbst zu stärken.

Daher ist die Visionssuche ein wesentlicher Bestandteil der schamanischen Praxis, denn sie ermöglicht es dem Schamanen, sich mit den Geistern zu verbinden und Wissen und Weisheit zu erlangen, die er nutzen kann, um anderen zu helfen. Durch eine Visionssuche kann der Schamane Einblick in die spirituelle Welt gewinnen und dieses Wissen in die physische Welt zurückbringen, um Menschen in Not zu helfen.

Abgesehen davon ist die Visionssuche für Schamanen eine bedeutende und tiefgreifende Erfahrung. Sie ist eine Gelegenheit, sich mit Ängsten zu konfrontieren, ein Verständnis für sich selbst zu erlangen und den eigenen wahren Lebensweg zu entdecken. Diese spirituelle Praxis erfordert Vorbereitung, Schulung und Anleitung durch einen sachkundigen Schamanen. Als solche sollte sie nicht leichtfertig oder ohne sorgfältige Planung unternommen werden. Ebenso kann der Schamane durch die Reise in die Geisterwelt eine Verbindung zu seinen Ahnen und seinem kulturellen Erbe herstellen. Die Macht dieses Rituals macht es unabdingbar, alle damit verbundenen Risiken zu bedenken und es mit Absicht und Respekt zu beginnen.

Schamanische Traditionen stellen hohe Anforderungen an ihre Praktizierenden; nach Jahren des Studiums und der Übung kann eine Visionssuche angetreten werden. Damit die Reise sicher und erfolgreich verläuft, muss der Schamane lernen, sich in einen Trancezustand zu versetzen, sich vor bösen Mächten zu schützen und eine tiefe Verbindung zu seinen Geistführern aufzubauen, um effektiv zu kommunizieren.

Der Geist des Schamanen kann den Körper verlassen und auf der Suche nach Antworten in die übernatürliche Welt eintreten

Schamanisches Reisen ist eine spirituelle Praxis, die Schamanen in der Vergangenheit nutzten, um mit Geistern zu kommunizieren. Sie wird auch heute noch von vielen Kulturen auf der ganzen Welt praktiziert. Sie wird auch als Kraftrückholung bezeichnet und erfordert den Eintritt in einen veränderten Bewusstseinszustand mithilfe von Instrumenten wie Trommeln, Rasseln und Singen. Diese Reise hat viele emotionale und körperliche Vorteile, wie Heilung, Verbindung mit dem größeren universellen Zyklus von Leben und Tod und Verbundenheit mit der natürlichen Welt. Es kann eine zutiefst transformierende Erfahrung sein, die uns eine Führung und ein Verständnis bringt, das über unser eigenes hinausgeht.

Schamanische Reisen sind jedoch nicht nur eine Tradition alter Kulturen, sondern auch Teil des modernen Lebens. Menschen, die eine Begleitung auf ihrer Reise suchen, können sich an einen schamanischen Praktiker wenden. Wer den Willen dazu hat, kann zahlreiche Techniken wie geführte Visualisierung oder Meditation anwenden, um diesen Weg selbstständig zu gehen. Wie auch immer man sich entscheidet, diese Reisen bieten spannende Möglichkeiten, das Unbekannte zu erforschen und wertvolle Erkenntnisse über sich selbst zu gewinnen.

Auf der schamanischen Reise begeben sich Schamanen in einen veränderten Bewusstseinszustand und reisen durch die verschiedenen Ebenen der Existenz, um die fehlende Kraft zu finden, die von bösen Geistern gestohlen wurde. Um dies zu erreichen, verwenden Schamanen in der Regel Trommeln, die ihnen helfen, in den veränderten Zustand zu gelangen. Sobald sie den veränderten Bewusstseinszustand erreicht haben, können sie überall in der übernatürlichen Welt reisen und mit Geistern ohne physischen Körper kommunizieren.

Um diese Reise zu beginnen, muss ein Schamane den Raum zwischen Himmel und Erde durchqueren, um den Aufenthaltsort der spirituellen Wesenheiten ausfindig zu machen. Sobald dies geschehen ist, muss er sie mit List und Verstand in einem Kampf des Willens überlisten. Auf diese Weise können sie die Kraft, die ihnen zuvor genommen wurde, zurückgewinnen. Schamanen sind nicht nur in der Lage, Antworten für andere zu finden, sondern sie dienen auch als Vermittler zwischen uns und der geistigen Welt.

Daher können Schamanen in die übernatürliche Welt reisen, um nach Lösungen für diejenigen zu suchen, die von einem bösen Geist oder einer Krankheit geplagt sind. Um Kranke zu heilen, begibt sich ein Schamane in Trance, während er die Hände der betroffenen Person festhält, die bald darauf seiner Führung folgt. In diesem veränderten Bewusstseinszustand sind Schamanen in der Lage, das frühere Leben sowohl von sich selbst als auch von ihrem Patienten aufzudecken. Ebenso können sie nachvollziehen, wohin ihre Seelen nach dem Tod gereist sind, wenn man an Reinkarnation glaubt. Diese Methode wird als „Hellsehen" bezeichnet und nutzt Spiegel oder andere reflektierende Oberflächen als Tor in ein anderes Reich, das Antworten auf die gestellten Fragen bereithält. Mithilfe des Hellsehens können Schamanen die grundlegende Ursache einer Krankheit oder eines Problems finden und diagnostizieren, was ihnen Orientierung und Heilung gewährt.

Der Schamane beschwört Tierbilder als Geistführer, Omen und Botschaftsüberbringer

Schamanen sind mächtige spirituelle Meister, die ihre Talente einsetzen, um anderen zu helfen. Sie haben die Fähigkeit, sich in verschiedene Geister und Kreaturen zu verwandeln, und sind für ihre enge Verbindung zu ihren tierischen Begleitern bekannt. Solche mystischen Verbindungen leiten Heilungsrituale und verbinden die physische und die spirituelle Welt.

Als spirituelle Vermittler können Schamanen die Kraft der Tiere durch Geistreisen anzapfen. Sie sind Boten, die zwischen verschiedenen Formen in dieser oder der nächsten Welt wechseln können. Schamanen dienen als Führer und Heiler und überbrücken die Kluft zwischen der physischen Realität und den göttlichen Reichen. Indem sie Bilder von Tieren herbeirufen, können sie Zugang zu höherer Weisheit erhalten und uns auf unserer spirituellen Reise weiterhelfen.

In traditionellen Kulturen verkörpert der Schamane die drei Facetten der Existenz – Vergangenheit, Gegenwart und Zukunft. Er ist ein Heiler, der in den Körper und die Seele seiner Patienten sehen kann, ein Psychopomp, der die Seelen durch Tod und Wiedergeburt leitet, und ein Lehrer, der den Menschen beibringt, wie sie in Harmonie mit ihrer Umwelt und untereinander leben können. Diese Verbindung ermöglicht es ihnen, alle Welten zu durchqueren: die Welt der Lebenden mit ihrer Flora und Fauna, die Welt der Sterblichen, in der unsere Vorfahren verweilen, und sogar weiter entfernte Reiche wie Himmel oder Hölle, wenn diese in Ihrer Kultur existieren.

Ein „tierischer Helfer", z. B. ein Krafttier, ist der Schlüssel zum Durchqueren alternativer Dimensionen. Wenn Sie an einem Tag krank im Bett liegen und am nächsten Morgen eine gewisse Erleichterung verspüren, sich aber aufgrund Ihrer Krankheit immer noch erschöpft fühlen, könnte dies ein Zeichen dafür sein, dass etwas oder jemand Sie besucht hat, während Sie geschlafen haben. Diese spirituellen Kräfte können viele Formen annehmen und bieten einzigartige Einblicke in unsere Realitäten.

Mit Rasseln, Trommeln und anderen Instrumenten können Schamanen Zugang zu den spirituellen Reichen finden und die Krafttiere anrufen. Durch die Kraft des Gesangs können sie Welten überbrücken und neue Horizonte erschließen, die es zu erforschen gilt. Verschiedene Kulturen haben für solche Entdeckungsreisen unterschiedliche Instrumente hergestellt, die von Kürbissen über Muscheln bis hin zu Metallglocken reichen. Die amerikanischen Ureinwohner verwendeten häufig Flaschenkürbisse für ihre Rasseln, doch heutzutage entscheiden sich einige Schamanen für modernere Materialien wie Metallkalebassen, die ihnen auf ihrer Reise ebenso schnell helfen können.

Wenn der Schamane Omen oder Geistführer in Form von Tierbildern herbeiruft, die auf Amuletten und Trommeln erscheinen, spiegeln diese Symbole den Schamanen und seinen Patienten wider. Ein solches Bild kann ein echtes Tier darstellen, es kann aber auch etwas repräsentieren, das über das hinausgeht, was wir über physische Lebewesen wissen. Wenn jemand zum Beispiel nachts einen Adler über das Haus fliegen sieht und anschließend träumt, von demselben Vogel gejagt zu werden, könnte dies auf eine Person hinweisen, die mit besonderen Schwierigkeiten konfrontiert ist und moralische Unterstützung benötigt. Der Adler würde den Kampf dieser Person symbolisieren, aber Adler sind auch für ihre Stärke bekannt; sie können hoch über jedes Hindernis fliegen, ohne Unterstützung von außen zu benötigen, was darauf hindeutet, dass sie jedes Problem überwinden werden, ohne sich auf jemand anderen zu verlassen.

So kann ein Schamane die Form eines Totemtieres als spirituellen Führer verwenden, um Eingeweihten Macht über ihr Schicksal zu geben. Es kann auch Sie und Ihren Lebensweg symbolisieren, der eine besondere Bedeutung hat oder sich als wichtig erweist. Totemtiere können als Wächter, Beschützer oder sogar als Ratgeber auf dem Weg zum Verständnis von sich selbst und der Welt um einen herum dienen.

Schamanismus ist jedoch weit mehr als nur Praktiken und Rituale. Tiere in Geistergestalt unterstützen Schamanen oft durch ihre Arbeit, ihre Heilfähigkeiten und ihr Jagdgeschick. Es gibt Geschichten von Schamanen, die sich in Tiere verwandeln, um mit ihren Krafttieren zu kommunizieren, oder die das Verhalten eines Tieres als Zeichen der Götter nutzen, dass jemand ein bestimmtes Heilmittel oder eine Medizin benötigt. Diese besondere Verbindung zwischen Schamane und Tier kann kraftvolle Verwandlungen und heilende Momente hervorbringen.

Der Schamane kann andere vielfältige Formen der Weissagung durchführen, hellsehen, Knochen oder Runen werfen und manchmal zukünftige Ereignisse vorhersagen

Auch andere Formen der Wahrsagerei wie Hellsehen, Knochen- oder Runenwerfen und Zukunftsvorhersagen können von einem Schamanen durchgeführt werden. Sie können Ihnen auf diese Weise Ratschläge und Einblicke in die Zukunft geben.

Schamanenknochen, die von Tieren stammen, wie z. B. Beinknochen oder Rippen, werden seit langem von Schamanen zur Weissagung verwendet. Die Knochen werden in die Luft oder auf den Boden geworfen. Je nachdem, wo sie landen, deuten die Schamanen dies als Omen, um herauszufinden, was in ihrem Leben oder dem ihrer Klienten passieren wird. Mit dieser Methode der Wahrsagerei können die Schamanen Einblicke und Antworten auf ihre Fragen erhalten.

Runen sind eine uralte, von Schamanen angewandte Methode der Weissagung, mit der Ereignisse im Leben eines Menschen beeinflusst werden können. Sie wurden auf Holz oder Stein geritzt und dienten traditionell dazu, Informationen wie die Abstammung und Eigentumsverhältnisse aufzuzeichnen. Auch heute noch werden diese Symbole gerne verwendet, weil sie Aufschluss über die Geschehnisse im Leben eines Menschen geben können. Obwohl es schwierig sein kann, diese intensiven Symbole zu verstehen und zu meistern, ist die Anleitung eines erfahrenen Praktikers von unschätzbarem Wert, wenn es darum geht, die Kraft der Runen zu erschließen. Denken Sie daran, dass Sie die Runen als eine Quelle der Einsicht begrüßen sollten und nicht als etwas, das Sie kontrolliert.

Außerdem können Schamanen mithilfe von Steinen in die Vergangenheit blicken, die Zukunft voraussagen und Erkenntnisse gewinnen. Steine sind eine großartige Möglichkeit, um herauszufinden, was sich am Horizont für einen selbst abzeichnet. Diese mystischen Steine können auch in Rituale der Vorhersehung integriert oder als Teil Ihrer meditativen Praxis verwendet werden.

Des Weiteren ist das Hellsehen eine uralte Form der Wahrsagerei, bei der man in eine spiegelnde Oberfläche schaut, um Muster, Bilder oder Visionen zu entdecken. Der Begriff ist eine Lehnübersetzung des französischen Wortes „clairvoyant". Beim Hellsehen kann man Antworten auf Fragen suchen, nach verlorenen Gegenständen Ausschau halten und sogar versuchen, Vorhersagen zu treffen. Diese Praxis ist auch als *„Kristallblick"* oder *„Kristallomantie"* bekannt.

Andere Formen der schamanischen Wahrsagerei umfassen das Hellsehen mit einer reflektierenden Oberfläche, das Werfen von Runen oder Knochen und sogar die Prophezeiung künftiger Ereignisse. Insgesamt kann das schamanische Wahrsagen Ihnen Einblicke in Ihren Lebensweg und Ihre spirituelle Reise geben und Antworten auf die Frage liefern, warum die Dinge auf bestimmte Weise geschehen. Mit ihr können Sie die Geheimnisse vergangener und zukünftiger Ereignisse erforschen und entdecken.

3

Schamanische Heilung

Schamanisches Heilen ist eine uralte Praxis mit transformierender Kraft. Indem sie sich auf ihre Lehren und Rituale einlassen, können sich die Menschen tiefer mit der Natur verbinden, die Harmonie in allen Aspekten ihres Lebens wiederherstellen und Einblick in ihren spirituellen Weg gewinnen. Sie bietet einen gemeinschaftlichen, ganzheitlichen Ansatz zur Wiederherstellung von Gleichgewicht und Wohlbefinden auf vielen Ebenen.

Definition

Schamanisches Heilen ist seit vielen Jahrhunderten Teil der spirituellen und kulturellen Traditionen, insbesondere der indigenen Kulturen. Es handelt sich um einen Ansatz der Gesundheitsfürsorge, der die sozialen, mentalen, körperlichen und spirituellen Aspekte des Wohlbefindens eines Menschen berücksichtigt und darauf abzielt, eine Harmonie zwischen ihnen herzustellen, um einen optimalen Gesundheitszustand zu gewährleisten. Der Grundgedanke des schamanischen Heilens ist, dass Krankheiten aus Störungen des Gleichgewichts dieser Komponenten resultieren können, die wiederhergestellt werden müssen, um Ganzheit zu erfahren.

Die Verbindung zur natürlichen Welt ist die Grundlage des schamanischen Heilens, denn sie wird als Ursprung des Lebens und des Wohlbefindens verstanden. Durch Rituale, Zeremonien und Praktiken, die die Zyklen und Jahreszeiten der Natur erkennen und feiern, kann diese Verbindung hergestellt werden. Diese Beziehung ermöglicht dem schamanischen Heiler den Zugang zu einem ätherischen Bereich, um mit spirituellen Wesen wie Krafttieren zu arbeiten, was zu Heilung und Ausgeglichenheit führt.

Schamanische Heiltechniken sind vielfältig und können viele Formen annehmen, aber zu den häufigsten gehören die folgenden:

- **Krafttierrückholung.** Schamanische Heiler führen die Krafttierrückholung durch, bei der sie in die Geisterwelt reisen, um den spirituellen Verbündeten und Führer einer Person zurückzuholen, der sich von ihr gelöst hat. Diese uralte Tradition soll die Harmonie und das Wohlbefinden des Einzelnen wiederherstellen, hat aber auch eine kulturelle Bedeutung als Ausdruck ihrer Weltanschauung. Für die Kulturen der Ureinwohner gilt sie als Mittel zur Wiederherstellung des Gleichgewichts auf individueller und kollektiver Ebene.
- **Seelenrückholung.** Eine uralte Praxis, die von schamanischen Heilern angewandt wird, um die Seelenessenz eines Menschen wiederherzustellen, die aufgrund schwieriger Erfahrungen fragmentiert oder verloren gegangen sein kann. Es wird angenommen, dass die Person durch diese spirituelle Reise ein Gefühl der Ganzheit und Energie wiedererlangt. Darüber hinaus setzen Schamanen häufig Meditation und Rituale ein, um die Wiederherstellung der Seele zu unterstützen. Auf diese Weise versuchen sie, das Leben und den Körper der Person ins Gleichgewicht zu bringen, damit sie sich wieder mit ihrem wahren Selbst verbinden und mit neuer Kraft voranschreiten kann.
- **Extraktion.** Eine altehrwürdige Praxis, die seit Jahrhunderten von Schamanen und Geistheilern angewandt wird,

um negative Energien, Wesenheiten oder Gedankenformen aus dem Körper oder der Aura einer Person zu entfernen. Dieser Prozess befreit die Person von niedrig schwingenden Energien, die körperliche, geistige oder emotionale Krankheiten oder Disharmonien verursachen. Sobald die Extraktion abgeschlossen ist, werden Gleichgewicht und Wohlbefinden im Leben der Person wiederhergestellt.

- **Despacho-Zeremonie.** Eine alte und heilige Tradition, die seit Jahrhunderten praktiziert wird. Sie zeigt Wertschätzung und Dankbarkeit gegenüber dem Geist und hilft gleichzeitig, die eigenen Wünsche zu manifestieren und die Heilung zu fördern. Ein wesentlicher Bestandteil des Rituals ist die Darbringung eines physischen Opfers, oft in Form eines Korbes mit Lebensmitteln, Blumen und anderen heiligen Gegenständen. Sobald das Opfer zusammengestellt ist, wird es der Geisterwelt mit Ehrfurcht und Respekt dargebracht. Darüber hinaus sind Despacho-Zeremonien von einer einzigartigen Symbolik durchdrungen; jeder Gegenstand wird sorgfältig eingefügt, um bestimmte Botschaften zu übermitteln oder Absichten oder Wünsche zu verdeutlichen.

- **Schwitzhütten-Zeremonie.** Bei dieser Zeremonie, die ihren Ursprung in den Kulturen der amerikanischen Ureinwohner hat, betritt man eine kleine, geschlossene Struktur, die mit Dampf und Hitze gefüllt ist. Es wird angenommen, dass diese Zeremonie Erneuerung, Klarheit und Heilung für die körperlichen, emotionalen und geistigen Aspekte einer Person bringt. Die Teilnehmer berichten oft, dass sie sich nach Abschluss des Rituals belebt, verjüngt und gereinigt fühlen. Ebenso fördert dieser Reinigungsprozess die Heilung, wenn ein Schamane die Zeremonie leitet.

Beim schamanischen Heilen arbeitet der Heiler mit der Person zusammen, die Heilung sucht. Der Heiler hilft, sie durch den

Prozess zu führen, während die Person selbst für ihre Genesung verantwortlich ist, indem sie Schritte zu persönlichem Wachstum und Transformation unternimmt. Schamanische Heilung ist ganzheitlich, da sie alle Aspekte der physischen, emotionalen, mentalen und spirituellen Ebene eines Menschen berücksichtigt, wenn es darum geht, einen ausgeglichenen und gesunden Zustand zu erreichen. Darüber hinaus erkennt diese Praxis an, dass wahre Heilung die Wiederherstellung des Körpers und die Ernährung von Geist, Herz und Seele voraussetzt. Außerdem umfasst sie traditionelle indigene Methoden wie Rituale, Lieder und Tänze, die den Heilungsprozess unterstützen können.

Abgesehen davon ist die schamanische Heilung ein ganzheitlicher Ansatz für Gesundheit und Wohlbefinden, der die Kraft der Verbindung zwischen Geist und Körper anerkennt. Diese Form der Heilung geht über die Behandlung von Symptomen hinaus und bietet einen eingehenden Blick auf die Quelle jeder Krankheit. Durch die Verwendung von Ritualen, Symbolen und Traditionen kann sie dazu beitragen, das Gleichgewicht im Körper wiederherzustellen und körperliche Beschwerden und emotionale Schmerzen zu heilen. Schließlich kann sie auch positive Veränderungen im Leben bewirken und den Menschen zu einem gesünderen und erfüllteren Leben verhelfen.

Die Vorteile der schamanischen Heilung

Schamanisches Heilen kann also viele körperliche und spirituelle Vorteile bieten. Von der Linderung von Schmerzen bis hin zur spirituellen Führung – hier ein Blick auf einige der häufigsten Vorteile, die mit schamanischer Heilung verbunden sind:

- **Verbinden Sie sich wieder mit sich selbst und der Welt.** Einer der wichtigsten Vorteile der schamanischen Heilung ist ihre Fähigkeit, den Menschen dabei zu helfen, sich wieder mit sich selbst, ihren Geistern und der

Welt um sie herum zu verbinden. Durch schamanische Zeremonien und Praktiken können Menschen ihr Inneres Selbst anzapfen und Zugang zu heilender Energie erhalten. Schamanisches Heilen kann auch dazu beitragen, das Gleichgewicht im Energiefeld eines Menschen wiederherzustellen und die Seele zurückzuholen.

- **Lassen Sie sich von Krafttieren leiten.** Krafttiere sind für die schamanische Heilung von entscheidender Bedeutung. Diese Tiergeister können einen Menschen im und aus dem Leben leiten und ihm Einblicke und Informationen über sich selbst geben. Schamanische Praktiken wie Trommeln und Meditation helfen dabei, eine tiefe Verbindung mit dem eigenen Krafttier herzustellen, was einem hilft, die Herausforderungen des Lebens zu meistern und neue Fähigkeiten für den Umgang mit schwierigen Situationen zu erlangen.

- **Entdecken Sie verborgene Informationen.** Schamanische Heilpraktiken gewähren dem Einzelnen einen einzigartigen Zugang zu Informationen, die normalerweise unerreichbar sind. Diese neu gewonnene Einsicht führt zu größerem Bewusstsein und Verständnis und ermöglicht weiteres persönliches Wachstum und Entwicklung. Diejenigen, die sich auf diese Reise begeben, sind besser gerüstet, um sinnvolle Veränderungen vorzunehmen, was zu einem insgesamt besseren Wohlbefinden führt.

- **Finden Sie Frieden und Versöhnung.** Schamanische Praktiken bieten eine einzigartige Möglichkeit, Einsicht und Klarheit zu erlangen, und werden oft zur Unterstützung kritischer Entscheidungen oder zur Konfliktlösung eingesetzt. Die Anwendung von Ritualen, Trommeln und Meditation öffnet den Menschen für spirituelle Welten und ermöglicht es ihm, mit seinem höheren Selbst zu kommunizieren und inneren Frieden zu schaffen. Schamanische Praktiken zielen auch darauf ab, negative Energien zu beseitigen, die jemanden daran hindern, in seinem Alltag Frieden zu finden. Dies kann zu einem tieferen Verständnis und zur Akzeptanz von sich selbst und anderen führen.

- **Auffinden von verlorenen Gegenständen oder Personen.** Indem sie sich in einen Trancezustand versetzen, können Praktizierende Zugang zu spirituellen Bereichen erhalten und mit ihrem höheren Selbst oder ihren Geistführern in Verbindung treten, um Führung in Angelegenheiten wie dem Auffinden verlorener Gegenstände oder Personen zu erhalten. Mit erhöhtem Bewusstsein können sie oft Hinweise auf den Verbleib verloren geglaubter Gegenstände oder Personen finden. Darüber hinaus öffnen diese tiefen meditativen Zustände den Schamanen für die Energien der Welt um ihn herum und ermöglichen ihm ein intuitives Verständnis dessen, was für eine erfolgreiche Suche notwendig sein könnte.

- **Antworten und Orientierung finden.** Als uralte spirituelle Praxis, die seit Jahrhunderten angewandt wird, verbindet schamanisches Heilen Menschen mit ihrer inneren Führung und schafft größere Klarheit und Zielstrebigkeit. Durch den Einsatz altehrwürdiger Techniken wie Trommeln, Singen, Wahrsagen, Meditation, Traumarbeit und schamanisches Reisen können Menschen Zugang zu tieferen Bewusstseinsebenen erhalten, um Antworten auf die Fragen des Lebens zu bekommen. Durch diese Praxis kann der Einzelne Einsicht in seine Lebensaufgabe und -richtung gewinnen. Mit der Hilfe eines schamanischen Führers können Praktizierende auch eine sichere und unterstützende Umgebung finden, um diese Themen weiter zu erforschen.

- **Behandlung verschiedener Gesundheitszustände.** Seit Jahrhunderten wenden Schamanen unterschiedliche Strategien an, um körperliche und geistige Beschwerden zu heilen. Einige Praktiken nutzen Kräuter und Kristalle, während andere spirituelle Tänze oder Gesänge beinhalten. Dieser ganzheitliche Ansatz umfasst oft physische, psychologische und spirituelle Elemente, um eine umfassende Gesundheit zu erreichen.

- **Sichere und natürliche Heilung.** Dazu gehören verschiedene Methoden wie traditionelle Rituale, Meditation, schamanische Spiritualität und die Nutzung der Kraft der Natur durch Pflanzen und Steine. Bei der Suche nach spiritueller Führung ist es wichtig, Sicherheitsvorkehrungen zu treffen und einen erfahrenen Praktiker oder Heiler zu konsultieren, bevor Sie Ihren Behandlungsplan beginnen. Beachten Sie außerdem, dass schamanisches Heilen nicht als Ersatz für medizinische Behandlung gedacht ist; es kann vielmehr zusammen mit medizinischen Maßnahmen zur Verbesserung der Lebensqualität eingesetzt werden.

- **Seelenrückholung.** Die Seelenrückholung nutzt die Kraft der schamanischen Heilung und ist eine Reise, die vielen Menschen helfen kann, ihr Energiefeld wieder ins Gleichgewicht zu bringen. Durch diese spirituelle Suche kann man sich wieder mit sich selbst verbinden und seinen Geist und seine Verbindung mit der Welt zurückgewinnen. Für diejenigen, die eine Seelenrückholung in Erwägung ziehen, gibt es einige Schritte zu beachten:

  - **Einen Schamanen finden.** Um mit der Seelenrückholung zu beginnen, ist die Suche nach einem Schamanen, der ein erfahrener spiritueller Praktiker ist, unerlässlich. Ein solcher Fachmann kann Sie durch das Verfahren leiten und sicherstellen, dass es sicher und genau durchgeführt wird. Die Zusammenarbeit mit einem Experten auf diesem Gebiet garantiert, dass die Rückverbindung mit Ihrem innersten Wesen so reibungslos und bereichernd wie möglich verläuft. Darüber hinaus geben Schamanen auch wertvolle Ratschläge, wie Sie Ihren Geist in Zukunft schützen können.

  - **Geführte Meditationsübungen.** Diese Übungen erlauben es Ihnen, Teile von sich selbst zu erforschen, die vielleicht verborgen waren. Ihr Schamane wird

Ihnen Fragen zu vergangenen Erfahrungen stellen, auch zu denen vor und während Ihrer Geburt, um Einblicke in die aktuelle Inkarnation zu gewinnen. Diese Form der geführten Selbsterforschung ermöglicht es Ihnen, Bereiche Ihres Lebens zu klären, mit denen Sie möglicherweise zu kämpfen haben. Ebenso hilft es Ihnen, unbewusste Blockaden oder einschränkende Glaubenssätze loszulassen, die Sie daran hindern, Ihr Potenzial zu entfalten.

- **Innere Reise.** Sich mit einem Schamanen auf eine Reise nach innen zu begeben, ist wichtig für die Selbstfindung, die Entfaltung des inneren Potenzials und für spirituelles Wachstum. Verschiedene Instrumente wie Trommeln und Singen helfen dabei, unterschwellige Themen, Überzeugungen oder Werte aufzudecken, die Ihnen bisher vielleicht nicht bewusst waren. Während der Reise hilft Ihnen der Schamane, Konflikte oder Zweifel durch aktive Reflexion zu verstehen und zu lösen, sodass Sie Ihren wahren Lebenszweck finden können.

- **Wiederherstellung fehlender Teile.** Chanten und Meditieren können fehlende Teile von Ihnen, die unterdrückt oder vergessen wurden, zurückbringen und sie wieder in Ihr Wesen integrieren. Dadurch kann sich das körperliche, emotionale und geistige Wohlbefinden drastisch verbessern, was letztlich zu einer Heilung von innen heraus führt. Darüber hinaus können solche Praktiken sogar helfen, verborgene Aspekte in Ihnen zu entdecken, die notwendig sind, um eine authentische Version Ihres Selbst zu schaffen.

Pflanzengeistmedizin

Seit Jahrhunderten nutzen Schamanen die Kraft der Pflanzen, um körperliche und emotionale Leiden zu heilen und das geistige und spirituelle Gleichgewicht wiederherzustellen. Diese Praxis wird auch heute noch von Schamanen auf der ganzen Welt angewandt. Hier sehen wir uns einige der Pflanzen an, die in der Pflanzengeistmedizin verwendet werden.

Ayahuasca

Ayahuasca ist ein starkes Gebräu aus dem Amazonasgebiet, das aus einer Kombination einer amazonischen Rebe und den Blättern der Chacruna-Pflanze hergestellt wird. Seit Tausenden von Jahren nutzen indigene Völker diese heilige Mischung für spirituelle Heilung, Medizin, Wahrsagerei und spirituelles Wachstum. Es wird angenommen, dass diejenigen, die es einnehmen, durch diese kraftvolle heilende Substanz Einsicht und Erleuchtung erlangen, die weit über die körperliche Gesundheit hinausgehen.

Bei der Einnahme verhindern das in Ayahuasca enthaltene Dimethyltryptamin (DMT) in Verbindung mit MAO-Hemmern den Abbau von DMT. In der Folge kommt es zu bemerkenswerten Erfahrungen, darunter Visionen, Verzerrungen der Realitätswahrnehmung und tiefe spirituelle Momente. Viele, die es genommen haben, beschreiben es als ehrfurchtgebietend und lebensverändernd. Die Wirkung von Ayahuasca ist unvorhersehbar und kann mehrere Stunden andauern. Während dieser Zeit erfahren die Betroffenen lebhafte und oft lebensverändernde Visionen. Es wird berichtet, dass man leuchtende Farben, komplizierte geometrische Muster und jenseitige Kreaturen sieht. Andere berichten, dass sie ein Gefühl der Einheit mit dem Universum, ein gesteigertes Selbstbewusstsein und tiefe Einsichten in die Natur der Realität erleben.

Obwohl Ayahuasca ein mächtiges spirituelles Mittel sein kann, birgt es auch Risiken. Es wurde von negativen Erfahrungen wie Angstzuständen, Paranoia und Panikattacken berichtet. Es ist auch wichtig zu wissen, dass Ayahuasca in vielen Ländern, auch in Deutschland, illegal ist. Daher kann der Konsum von Ayahuasca ernsthafte rechtliche Konsequenzen nach sich ziehen. Außerdem sind traditionelle Ayahuasca-Zeremonien stark ritualisiert und werden von einem Schamanen oder Curandero mit umfangreichen Kenntnissen und Erfahrungen geleitet. Ohne angemessene Anleitung und Vorbereitung kann die Einnahme von Ayahuasca gefährlich sein.

Trotz dieser Risiken hat Ayahuasca für spirituelles und persönliches Wachstum an Popularität gewonnen. Wissenschaftliche Untersuchungen zeigen, dass Ayahuasca auch potenzielle therapeutische Vorteile bei der Behandlung von Depressionen, Sucht und PTBS haben kann. Wie bei jeder starken Substanz sollte Ayahuasca jedoch nicht auf die leichte Schulter genommen werden. Diejenigen, die es konsumieren möchten, müssen sicherstellen, dass sie sich in der Gegenwart einer sachkundigen und erfahrenen Person befinden, die sich der rechtlichen Auswirkungen bewusst ist.

Peyote

In den trockenen Weiten des Südwestens der Vereinigten Staaten und Nordmexikos ist der bescheidene und stachellose Peyote-Kaktus beheimatet. Diese traditionsreiche Pflanze wird vor allem bei religiösen Zeremonien der amerikanischen Ureinwohner verwendet. Sie ist auch für ihre psychoaktiven Eigenschaften bekannt, die auf das in ihr enthaltene Alkaloid Meskalin zurückgeführt werden. Meskalin hat bei Einnahme starke halluzinogene Wirkungen.

Seit Hunderten von Jahren nutzen die nordamerikanischen Ureinwohner die psychotrope Wirkung von Peyote, um an spirituellen Ritualen teilzunehmen, Heilung zu praktizieren und sich mit dem Göttlichen zu verbinden. Peyote wird häufig als Tee getrunken oder in kleinen, getrockneten Stücken während religiöser Zeremonien gekaut, die den Teilnehmern verschiedene halluzinatorische Erfahrungen bescheren. Peyote ist ein wesentlicher Bestandteil der Kultur und des Traditionalismus der amerikanischen Ureinwohner.

Heutzutage hat Peyote als Freizeitdroge an Popularität gewonnen und sein Konsum ist weiter verbreitet. Beim Konsum von Meskalin kommt es zu einer Reihe von psychoaktiven Wirkungen, darunter Halluzinationen, Wahrnehmungsveränderungen und veränderte Bewusstseinszustände. Die Wirkung von Meskalin kann intensiv sein und mehrere Stunden andauern, und die Erfahrung wird oft als tiefgreifend und mystisch beschrieben.

Trotz seiner Beliebtheit und langjährigen Geschichte birgt Peyote Risiken, die nicht übersehen werden sollten. Meskalin ist dafür bekannt, dass es viele unangenehme Nebenwirkungen wie Übelkeit, Erbrechen und Herzrasen verursacht. Außerdem kann die Wirkung des Konsums unvorhersehbar sein und in manchen Fällen zu Angstzuständen, Paranoia und Panik führen. Zudem besteht die Gefahr einer versehentlichen Vergiftung, wenn die Pflanze nicht richtig identifiziert werden kann *(Faria, 2021)*. Und schließlich wird Peyote trotz seiner Einstufung als kontrollierte Substanz immer noch weit verbreitet und häufig illegal verkauft.

Peyote ist ein Kaktus, der die psychoaktive Substanz Meskalin enthält, eine lange Kulturgeschichte hat und intensiv wirkt. Während seine Verwendung in den Kulturen der amerikanischen Ureinwohner Jahrhunderte zurückreicht, hat er inzwischen als Freizeitdroge an Popularität gewonnen. Diejenigen, die Peyote in

Erwägung ziehen, müssen sich über die möglichen Nebenwirkungen im Klaren sein und mit Vorsicht vorgehen.

Stechapfel

Der Stechapfel (Datura) ist eine Pflanze, die wegen ihrer giftigen und halluzinogenen Eigenschaften bekannt geworden ist. Sie gehört zur Familie der Nachtschattengewächse (Solanaceae), zu der auch Gemüse wie Tomaten, Paprika und Kartoffeln gehören. Diese Pflanzenart ist weltweit in trockenen Klimazonen beheimatet, unter anderem in Wüstengebieten in Nordamerika und Zentralasien sowie in bestimmten tropischen Regionen. Obwohl sie bei unsachgemäßem Gebrauch gefährlich sein kann, hat sie eine lange Geschichte als medizinisches Heilmittel und zeremonielle Begleitung.

Mit ihren großen, duftenden, weißen oder violetten trompetenförmigen Blüten und den stacheligen grünen Blättern ist der Stechapfel eine Pflanze, die seit Jahrhunderten sowohl für medizinische als auch für spirituelle Zwecke verwendet wird. In den traditionellen Kulturen der amerikanischen Ureinwohner diente der Stechapfel als Schmerzmittel und als Mittel zur Verbindung mit der spirituellen Welt. Andere Gesellschaften setzten Datura auch als Verhörmittel ein, indem sie die Pflanze als Wahrheitsserum verwendeten, um Geständnisse von kriminellen Verdächtigen zu erlangen. In Indien schließlich wird sie in der ayurvedischen Medizin zur Heilung verschiedener Beschwerden wie Verdauungs- und Atemwegserkrankungen eingesetzt.

Der Konsum von Stechapfel birgt jedoch erhebliche Risiken, da die Pflanze hochgiftig ist. In jedem Teil der Pflanze sind gefährliche Mengen an Tropanalkaloiden enthalten, die zu Delirium, Delirium tremens und Bewusstlosigkeit führen können. Eine Überdosis Stechapfel kann zum Tod führen, und selbst in kleinen Mengen kann die Pflanze ernsthafte Gesundheitsprobleme verursachen, darunter Herzrhythmusstörungen, Bluthochdruck und Atemstillstand.

Trotz dieser Risiken wurde der Stechapfel wegen seiner halluzinogenen Wirkung zu Freizeitzwecken verwendet. Die Alkaloide der Pflanze erzeugen intensive und lebhafte Halluzinationen, und die Konsumenten berichten von Gefühlen der Losgelöstheit, Euphorie und einem verzerrten Zeitempfinden. Manche Menschen berichten auch von erschreckenden und traumatischen Halluzinationen, die zu langfristigen psychischen Schäden führen können.

Der Stechapfel ist nicht nur giftig, sondern auch hochgradig invasiv, und seine Ausbreitung kann schwer zu kontrollieren sein. Die Pflanze kann schnell ein Ökosystem erobern, einheimische Arten verdrängen und das Gleichgewicht der lokalen Flora und Fauna stören. Dies kann erhebliche Auswirkungen auf die Umwelt haben und stellt eine Gefahr für die menschliche Gesundheit und die Natur dar. Trotz seiner Gefährlichkeit wird der Stechapfel weiterhin wegen seiner medizinischen und spirituellen Eigenschaften verwendet. In der heutigen Zeit ist die Verwendung des Stechapfels reguliert und nur unter bestimmten Bedingungen und mit angemessener Überwachung erlaubt. In einigen Ländern ist die Verwendung des Stechapfels zu spirituellen Zwecken bei religiösen Zeremonien erlaubt, allerdings nur, wenn die Pflanze in einem kontrollierten und überwachten Umfeld verwendet wird.

Insgesamt ist der Stechapfel eine Pflanze, die im Wüstenklima gedeiht und für ihre potenziell tödliche und bewusstseinsverändernde Wirkung bekannt ist. Seit Jahrhunderten wird er zu medizinischen und spirituellen Zwecken verwendet; diese Anwendungen sind jedoch mit ernsten Risiken verbunden. Tod, schwere Gesundheitsprobleme und Umweltschäden sind nur einige Folgen des Missbrauchs dieser Pflanze. Um sicherzugehen, sollten

Sie immer den Rat eines erfahrenen Datura-Kenners beherzigen, bevor Sie die Pflanze in irgendeiner Form verwenden.

Psilocybin-Pilze

Psilocybin-Pilze, eine Pilzart, die die psychedelische Droge Psilocybin enthält, werden seit langem von indigenen Völkern auf der ganzen Welt wegen ihrer spirituellen und medizinischen Eigenschaften verehrt. Diese Pilze sind dafür bekannt, dass sie Halluzinationen und andere Wirkungen auf den menschlichen Geist hervorrufen, die sowohl bei Forschern als auch bei Enthusiasten Neugierde geweckt haben. In letzter Zeit hat die Faszination für das therapeutische Potenzial von Psilocybin zugenommen, was zu einem neuen Interesse an der Erforschung der Auswirkungen dieser Pilze auf den menschlichen Geist geführt hat.

Pilze, die eine Quelle für Psilocybin sind, sind unter anderem folgende Sorten:

- *Psilocybe cubensis* (Kubanischer Kahlkopf)
- *Psilocybe mexicana* (Mexikanischer Kahlkopf)
- *Panaeolus subbalteatus* (Düngerlinge)

Salvia Divinorum

Der Azteken-Salbei (Salvia divinorum), auch oft *„Götter-Salbei"* und *„Wahrsage-Salbei"* genannt, ist eine psychoaktive Pflanze, die aus der Region Oaxaca in Mexiko stammt. Sein Hauptwirkstoff Salvinorin A ist ein potenter und hochselektiver Agonist der Kappa-Opioidrezeptoren. Das bedeutet, dass es im Vergleich zu anderen psychoaktiven Substanzen wie LSD, Marihuana und Ecstasy in einzigartiger Weise auf bestimmte Gehirnrezeptoren wirkt. Die Erfahrung, die diese Wirkungen hervorrufen, ist eine dramatische Veränderung der Perspektive, des Denkprozesses und der Emotionen, die 15 bis 30 Minuten lang anhält.

Die genauen Wirkmechanismen von Salvinorin A sind noch nicht vollständig geklärt. Es wird jedoch vermutet, dass es die Verarbeitung von Daten im Gehirn verändert. Einige Personen berichten von extremen visuellen und auditiven Halluzinationen, während andere von Realitätsverlust und verstärkter Selbstreflexion sprechen. Die Wirkung von Salvia divinorum ruft oft das Gefühl hervor, in andere Welten zu reisen oder intensive, traumähnliche Erfahrungen zu machen. Dies hat das Interesse vieler Menschen in Bezug auf Heilungsmöglichkeiten bei Depressionen, Angstzuständen und posttraumatischen Belastungsstörungen geweckt. Obwohl diese Wirkungen sehr ungewöhnlich sein können, bieten sie eine faszinierende Möglichkeit, alternative Therapien für komplexe psychische Probleme zu erforschen.

Trotz seiner potenziellen Vorteile birgt der Konsum von Salvia divinorum einige Risiken. Seine Potenz kann zu unerwünschten Wirkungen führen, darunter starke Angstzustände, Paranoia und Halluzinationen. Außerdem ist wenig über die Folgen eines längeren Konsums dieser Substanz auf Körper und Geist bekannt. Daher müssen weitere Forschungen durchgeführt werden, um die potenziellen Gefahren zu bewerten.

In den vergangenen Jahren ist Salvia divinorum vor allem bei jungen Menschen immer beliebter geworden. Dieser Anstieg des Konsums hat Debatten über das Missbrauchspotenzial und die möglichen Folgen ausgelöst. Während einige Länder und Staaten den Verkauf und den Besitz von Salvia divinorum komplett verboten haben, haben andere die Verfügbarkeit von Salvia divinorum nur eingeschränkt. Diese psychoaktive Pflanze wird seit Jahrhunderten medizinisch und zur Erreichung spiritueller Höhen verwendet. Ihr Wirkstoff, Salvinorin A, bietet eine einzigartige Erfahrung, die sehr persönlich ist und sich von Person zu Person stark unterscheiden kann. Obwohl die Forschung noch aussteht, um die damit verbundenen Risiken vollständig zu erfassen, ist das therapeutische Potenzial dieser Pflanze offensichtlich.

Daher ist es wichtig, heute auf ihre Verwendung zu achten und die Öffentlichkeit über ihre möglichen Wirkungen aufzuklären.

Kava-Kava

Seit Jahrhunderten ist Kava für seine beruhigenden und angstlösenden Eigenschaften bekannt. Die auf den südpazifischen Inseln beheimatete Pfefferart wird vor allem auf den Fidschi-Inseln, in Tonga und Vanuatu angebaut. Ihre Wurzel wird zur Herstellung von Kava verwendet, einem uralten Getränk, das von vielen indigenen Kulturen wegen seiner beruhigenden Wirkung geschätzt wird. Es wird angenommen, dass der Genuss dieses Getränks das geistige Wohlbefinden steigert und ein Gefühl der Gelassenheit erzeugt, das perfekt ist, um sich nach einem langen Tag zu entspannen.

Die Herstellung von Kava beginnt mit der Zerkleinerung der Wurzeln der Pflanze, um eine dicke, schlammige Flüssigkeit zu erhalten. Mit seinem ausgeprägten und leicht bitteren Geschmack wird dieses Getränk oft in geselliger Runde bei Feiern oder als wirksame Entspannungsmethode nach einem langen Tag genossen. Seine einzigartigen Eigenschaften verdankt es jedoch den Kavalactonen, den aktiven Inhaltsstoffen von Kava, die eine beruhigende und angstlösende Wirkung haben. Kava kann Menschen nicht nur ruhiger, zufriedener und positiver stimmen, sondern die Forschung hat auch seine milden, schmerzlindernden Eigenschaften aufgezeigt, die sich bei der Behandlung von Schlaflosigkeit, Angstzuständen und sogar Menstruationskrämpfen als hilfreich erweisen.

Die Forschung hat das Potenzial von Kava zur Behandlung von psychischen Erkrankungen wie Depressionen und Angstzuständen aufgedeckt. In einigen Fällen zeigen die Ergebnisse, dass Kava genauso wirksam sein kann wie Medikamente, ohne dass es zu unerwünschten Nebenwirkungen kommt. Außerdem ist das Risiko von Sucht und Missbrauch gering, was Kava zu einer attraktiven Alternative für alle macht, die ein natürliches Heilmittel für psychische Probleme suchen.

Außerdem wird das traditionelle Getränk Kava auf den Inseln des Südpazifiks seit Jahrhunderten konsumiert, und es ist bekannt, dass es Menschen, die unter Angstzuständen und Depressionen leiden, helfen kann. Seine Verwendung sollte jedoch mit Vorsicht erfolgen, da der Konsum großer Mengen des Getränks mögliche Nebenwirkungen und Risiken mit sich bringen kann. Es gibt sogar Berichte, die den langfristigen Konsum von Kava mit Lebertoxizität und in extremen Fällen mit Leberversagen in Verbindung bringen. Bevor Sie Kava konsumieren, sollten Sie daher unbedingt mit einem Arzt sprechen und sich über die damit verbundenen Risiken und möglichen Wechselwirkungen mit anderen Medikamenten informieren.

Medizinrad und die vier Himmelsrichtungen

Das Medizinrad, auch bekannt als die vier Himmelsrichtungen, ist ein seit langem bewährtes Werkzeug für Schamanismus und Heilung. Es steht für Gleichgewicht, Wachstum und Harmonie und wird von indigenen Völkern auf der ganzen Welt seit Tausenden von Jahren verwendet. Die vier Himmelsrichtungen symbolisieren die physischen Aspekte des Kosmos zusammen mit ihren spirituellen Kräften. Norden wird mit Luft assoziiert, Osten mit Feuer, Süden mit Wasser und Westen mit Erde. Darüber hinaus ist jede Himmelsrichtung mit bestimmten Pflanzen, Tieren und Farben verbunden und bietet so zusätzliche Möglichkeiten, auf ihre Kraft zuzugreifen. Wenn wir uns mit dieser mächtigen Quelle weise verbinden, können wir unser volles spirituelles Potenzial entdecken.

Schamanen können das Medizinrad als Hilfsmittel für die Entscheidungsfindung nutzen. Es hilft uns, Antworten auf Fragen zu finden, die unser Leben betreffen, wie zum Beispiel:

- Was soll ich beruflich machen?
- Bin ich bereit für eine Beziehung?
- Wo möchte ich leben?

Um Ihre Möglichkeiten gründlich zu erforschen, sollten Sie auch versuchen, Fragen in die verschiedenen Richtungen zu stellen, um herauszufinden, welche davon zu Ihnen passt. Sie könnten zum Beispiel fragen: „Was ist mein nächster Schritt?" und auf Antworten aus verschiedenen Richtungen hören. Achten Sie auf die Empfindungen Ihres Körpers, während Sie auf die Antworten hören. Wenn Sie also aus einer Richtung hören: „Lerne mit mir", und es fühlt sich richtig an, dann folgen Sie diesem Weg. Verfolgen Sie ihn jedoch nicht weiter, wenn er sich aus irgendeinem Grund nicht gut anfühlt, z. B. wegen eines schlechten Timings oder anderer Faktoren.

Wenn Sie jedoch keinen bestimmten Handlungsweg haben, vertrauen Sie Ihrer Intuition. Achten Sie genau auf die Zeichen, die Ihnen begegnen; mehr dazu später. Sie können auch überlegen, was Sie im Moment am glücklichsten machen würde und in welcher Hinsicht Ihr Leben oder Sie selbst anders aussehen könnten, als es derzeit der Fall ist. Das Medizinrad ist ein ausgezeichnetes Hilfsmittel für die Entscheidungsfindung und kann auch sehr hilfreich sein, wenn es darum geht, sich von schlechten Entscheidungen zu erholen und insgesamt bessere Entscheidungen zu treffen.

Wenn Sie das Medizinrad untersuchen, werden Sie sich der Energie in jeder Richtung bewusst: *Norden, Süden, Osten und Westen.* Dieses uralte Werkzeug kann verborgene Muster freilegen, die vorher nicht sichtbar oder spürbar waren. Es wird Ihnen helfen zu erkennen, wie die physischen, mentalen und spirituellen Teile auf eine Art und Weise ineinandergreifen, die Sie vorher vielleicht nicht bemerkt haben. Wenn Sie Ihr Leben aus einer neuen Perspektive betrachten, werden Sie beginnen, Verbindungen zwischen

Ereignissen und Beziehungen zu erkennen, die Ihnen bisher verborgen geblieben sind.

Nutzen Sie dieses Werkzeug, um täglich Entscheidungen zu treffen. Wenn Sie vor einer Entscheidung stehen, z. B. was es zum Abendessen gibt oder welches Arbeitsprojekt Sie nächste Woche in Angriff nehmen wollen, denken Sie darüber nach und fragen Sie sich, welche Richtung am besten mit Ihren Werten und Ihrem Lebensziel übereinstimmt. Wenn eine bestimmte Richtung bei Ihnen einen starken Anklang findet, sollten Sie sie verfolgen. Diese Methode kann auch bei wichtigen Entscheidungen angewandt werden, z. B. bei der Frage, wo Sie leben oder wen Sie heiraten wollen. Bevor Sie also langfristige Verpflichtungen wie Heirat oder Kinder eingehen, sollten Sie Ihre Träume und Ziele mit denen der Menschen, mit denen Sie zusammen sind, abgleichen. Durch Rituale wie Medizinrad-Zeremonien können Sie sich die Zukunft vorstellen und fundierte Entscheidungen für Ihr Leben treffen, die Sie Ihren Wünschen näherbringen.

Darüber hinaus kann die Entscheidungsfindung durch das Werkzeug der vier Richtungen und das Medizinrad beeinflusst werden, die als schamanischer Leitfaden für die Navigation im Leben dienen. Dieses Werkzeug kann für das Treffen von Entscheidungen im Leben von großem Nutzen sein, da es hilft, verschiedene Standpunkte innerhalb einer Angelegenheit zu verstehen und die Konsequenzen vorauszusehen, bevor man handelt. Der Adler zum Beispiel steht für den Osten und repräsentiert Vision und Energie. Wenn Sie sich ein klares Bild von Ihrem Leben machen, übertragen Sie eine Kraft, es zu verwirklichen. Wenn Sie also negativ denken, wird dieser Gedanke stärker und kann zu Ihrer negativen Realität werden; wenn Sie dagegen positiv denken, wird es umgekehrt sein.

Säule 2
Geister

Die Entschlüsselung der Geheimnisse der zweiten Säule des Schamanismus ist eine spannende Reise, die in das Konzept der Geister eintaucht. Von der Suche nach Ihren Geistführern und Engeln bis hin zur Erforschung der Urgottheit und der Wasserwesen können Sie wertvolle Einblicke für den Aufbau einer soliden Verbindung mit der spirituellen Welt gewinnen. Die Entdeckung, wie man mit den Geistführern kommuniziert, und das Wissen um die Bedeutung der Wassergeister helfen Ihnen, diese Praxis und ihre Rolle in unserem Leben besser zu verstehen.

— 4 —

Geistführer

Haben Sie sich jemals gefragt, wie Ihre Geistführer erscheinen? Sie können Ihnen als wohlwollende Schutzengel oder mächtige Tiere wie Wölfe oder Bären erscheinen. Aber selbst wenn Ihnen diese spirituellen Verbündeten noch nie in den Sinn gekommen sind, müssen Sie sich ihrer Anwesenheit bewusst sein und darauf achten, sie ständig zu hören und mit ihnen in Verbindung zu treten.

Verbindung mit Ihren Geistführern

Achten Sie genau auf Ihre Intuition. Nehmen Sie sie an. Bleiben Sie offen für Gottes Stimme und die Gegenwart derer, die in Ihrem Leben verstorben sind, die Sie bedingungslos lieben und sich nach Ihrer Zufriedenheit und Ihrem Wohlbefinden sehnen. Manchmal erfahren Sie Zeichen von Ihren Geistführern, die auf subtile Weise angedeutet werden, wie z. B. ein Vogel, der gegen das Fenster stürzt, oder ein Lied, das zu einem günstigen Zeitpunkt im Radio gespielt wird. Die Synchronizität spielt auch dann eine Rolle, wenn zwei nicht zusammenhängende Ereignisse so zusammentreffen, als ob sie füreinander bestimmt wären. Wenn Sie z. B. über jemanden nachdenken und dann plötzlich eine E-Mail von ihm erhalten oder ihm unerwartet persönlich begegnen, könnte das bedeuten, dass die andere Person Ihre Gedanken aufgreift.

Haben Sie diese Anzeichen für unerklärliche Ereignisse in Ihrem Alltag bemerkt? Vielleicht versucht einer Ihrer Geistführer, mit Ihnen zu kommunizieren. Um es ihnen leichter zu machen, kann Meditation ein perfekter Weg sein, um einen offenen Kommunikationskanal zu schaffen. Indem Sie Ihren Geist beruhigen und sich auf das Hier und Jetzt konzentrieren, können Sie alle negativen Gedanken und Gefühle loslassen, die Sie stören. So können Sie sich mit Ihrem Geistführer verbinden und seine Botschaften empfangen.

Führen Sie daher die folgenden Schritte aus, um effektiv zu meditieren:

- **Schritt 1:** Bestimmen Sie eine Zeit für sich selbst, fernab von Ablenkungen wie den allgegenwärtigen sozialen Medien. Finden Sie eine Zeit, in der Sie wach und aufmerksam sind, nicht zu müde oder schläfrig.
- **Schritt 2:** Setzen Sie sich bequem auf den Boden oder auf einen Stuhl und legen Sie die Füße flach hin. Legen Sie bei Bedarf ein Bein unter sich, aber achten Sie darauf, den Druck gleichmäßig auf den ganzen Körper zu verteilen.
- **Schritt 3:** Achten Sie auf eine natürliche und bequeme Haltung. Stützen Sie Ihre Knie mit Kissen ab, wenn Sie den Schneidersitz als unbequem empfinden. Achten Sie jedoch darauf, dass die Kissen nicht zu hoch sind, da sie sonst die Blutzirkulation in bestimmten Bereichen stören können.
- **Schritt 4:** Schließen Sie die Augen zu Beginn dieses Prozesses, damit Sie sich innerlich auf Ihren Atem oder ein bestimmtes Mantra konzentrieren können, das mit Ihnen in Resonanz steht.

Die Verbindung mit Ihrem spirituellen Selbst bringt eine Vielzahl von Vorteilen mit sich. Psychisches Heilen ist ein energiebasierter Prozess, der sich auf die Kraft der Intuition stützt. Durch diese Form der Heilung können Sie Ihre Reise der Selbstentdeckung antreten, eine Verbindung mit Ihren Schutzengeln herstellen und die göttliche Mission Ihres Lebens aufdecken. Mit dem Fachwissen eines spirituellen Führers können Sie auch sein göttliches Wissen nutzen, um Ihnen bei der Bewältigung von Aufgaben oder Herausforderungen zu helfen.

Wenn Sie zum Beispiel ein Buch mithilfe eines spirituellen Mentors erstellen möchten, könnten Sie die folgenden Worte sprechen: *„Ich wäre dankbar für die Weisheit meines Schutzengels oder einer anderen göttlichen Kraft, die gerade in diesem Raum anwesend ist."* Dann warten Sie in aller Ruhe darauf, dass ihr Rat in Ihrem Kopf auftaucht oder vielleicht sogar aufgeschrieben wird.

Wenden Sie sich anschließend an Ihre Geistführer und fragen Sie sie nach ihren Namen. Auf diese Weise können Sie eine Verbindung mit ihnen herstellen. Sie könnten sie auch einladen, in irgendeiner Form zu erscheinen, damit Sie sehen und hören können, was sie Ihnen zu sagen haben; dies könnte durch lebhafte Träume oder von Kindern geschaffene Zeichnungen geschehen. Bitten Sie um Botschaften, die Ihr Leben in diesem Moment leiten werden. Darüber hinaus wird empfohlen, dass Sie sich jeden Tag Zeit nehmen, um zu meditieren und diese geistigen Wesenheiten um Einsichten zu bitten, wenn etwas mit Ihrem körperlichen oder geistigen Zustand nicht stimmt. Seien Sie offen dafür, ihre Offenbarungen mündlich oder sogar schriftlich zu empfangen. Darüber hinaus können bestimmte spirituelle Praktiken wie Kristallheilung dabei helfen, sich mit Ihren Geistführern zu verbinden und die Klarheit ihrer Botschaften zu erhöhen.

Ihr Höheres Selbst

Früher fühlte ich mich verloren und wusste nicht, wer ich war. Es dauerte eine Weile, bis ich mich mit diesem Gefühl anfreunden konnte und erkannte, dass es typisch ist, sich von sich selbst oder der Welt um uns herum abgekoppelt zu fühlen. Der Versuch, etwas zu verstehen, ohne die Sprache oder den Kontext zu kennen, kann schwierig sein, wie das Lesen eines Buches in einer Fremdsprache. Wenn man die Wörter, die Grammatikregeln und die Bedeutung hinter dem Gelesenen nicht kennt, wie kann es dann eine echte Wirkung haben? Wissen ist oft der Schlüssel zu einem tieferen Verständnis und einer größeren Wertschätzung für unser Leben und die Menschen um uns herum. Vor diesem Hintergrund ist es kein Wunder, dass unsere Identität entscheidend dafür ist, wer wir sind und warum es so ist, wie es ist.

Die Verbindung zu Ihrem Höheren Selbst kann Ihnen Klarheit verschaffen, wenn es darum geht, Entscheidungen zu treffen und sich weiterzuentwickeln. Indem Sie Ihrer Intuition vertrauen und ihr folgen, investieren Sie in sich selbst und lassen sich auf etwas ein, das bedeutsamer ist als das, was man in der physischen Welt erreichen kann. Außerdem können Sie durch Meditation und Stille eine tiefere Verbindung zu Ihrem Höheren Selbst herstellen, indem Sie Ihrem Geist erlauben, ruhig und offen zu werden. Dadurch öffnen sich die Kommunikationskanäle zwischen Ihnen und Ihrem Höheren Selbst und Sie erhalten Zugang zur Weisheit von innen.

Abgesehen davon kann Ihr Herz Ihr bester Ratgeber sein. Es kann Ihnen helfen, eine emotionale und herausfordernde Situation zu verstehen oder sich auf das vorzubereiten, was auf Sie zukommt. Gesichtsausdrücke oder Körpersprache können Ihre Gefühle und Absichten ohne Worte verraten. Achten Sie auch auf körperliche Empfindungen; eine Andeutung von Schmerz, ein Engegefühl oder irgendetwas anderes, das sich nicht richtig anfühlt, kann Sie auf eine Gefahr aufmerksam machen oder Ihnen sagen, dass Sie sich um etwas Wichtiges kümmern müssen. Oft ist sofortiges Handeln erforderlich, um Schlimmeres zu verhindern. Zusammenfassend lässt sich sagen, dass das Eingehen auf Ihre Intuition und die Reaktionen Ihres Körpers unschätzbare Erkenntnisse liefern und Sie in die richtige Richtung führen kann.

Haben Sie sich auch schon einmal gefragt, wie es ist, sich mit Ihrem Höheren Selbst zu verbinden? Wenn Sie Ihre innere Weisheit durch Meditation oder Tagebuchführung anzapfen, können Sie Klarheit, Verständnis und Sinn gewinnen. Ihr Höheres Selbst weiß alles über Sie, z. B. Ihre Stärken und Schwächen, und was Ihnen Freude bereitet. Außerdem ist es eine Quelle der bedingungslosen Liebe, des Mitgefühls und der Führung. Wenn Sie Fragen stellen wie *„Was muss ich wissen?"*, *„Wie kann ich anderen am besten dienen?"*, seien Sie ruhig und offen dafür, Antworten in Form von Gedanken oder Gefühlen in Ihrem Verstand oder Körper zu empfangen. Das kann so einfach sein wie *„Ich sollte mir mehr Zeit für mich selbst nehmen"* oder *„Ich bin frustriert, wenn man mir nicht zuhört"*. Diese Verbindung wird Ihnen Aufschluss darüber geben, wie Sie ein authentisches Leben im Einklang mit Ihrer Wahrheit führen können.

Wenn Sie Ihre innere Weisheit hören wollen, müssen Sie genau hinhören und nicht urteilen. Meditation und Tagebuchschreiben sind großartige Möglichkeiten, die Kommunikationskanäle zwischen Ihnen und Ihrer inneren Führung zu öffnen. Ein hilfreicher Schritt besteht darin, mit Ihrem Herzen in Kontakt zu treten, es frei sprechen zu lassen, indem Sie den Lärm ausblenden und sich auf Ihre Gefühle konzentrieren. Selbst wenn Sie sich jeden Tag nur ein paar Minuten Zeit für Selbstreflexion nehmen oder Zeit in der Natur verbringen, können Sie sich selbst und Ihre Intuition besser verstehen.

Darüber hinaus können Sie durch Meditation oder Tagebuchführung inneren Frieden finden und sich mit Ihrem spirituellen Selbst verbinden. Meditation kann als Erstes am Morgen, als Letztes vor dem Einschlafen oder auch zu jeder anderen Zeit praktiziert werden. Um herauszufinden, was für Sie am besten funktioniert, gehen Sie spielerisch damit um und versuchen Sie, mit offenen und geschlossenen Augen, in Stille oder mit Musik zu meditieren. Wenn Sie Ihre Gedanken und Gefühle in einem Tagebuch festhalten, können Sie Klarheit über aktuelle und vergangene Erfahrungen gewinnen und gleichzeitig Ihre Dankbarkeit für all die guten Dinge im Leben zum Ausdruck bringen.

Wenn Sie sich in der Zwischenzeit die Zeit nehmen, innezuhalten und auf das Flüstern Ihrer inneren Führung zu hören, können Sie Zugang zu einer unbegrenzten Quelle des Wissens erhalten. Diese innere Weisheit spricht die Wahrheit und informiert Sie über sich selbst und andere. Wenn ein negativer Gedanke oder ein negatives Gefühl als Reaktion auf ein Ereignis auftaucht, spiegelt dies oft eine Wahrheit in Ihnen wider, auch wenn das Ego einen Teil des Bildes verdunkelt. Wenn Sie sich zum Beispiel über jemanden ärgern, weil er Ihr Aussehen kritisiert hat, kann das ein Zeichen dafür sein, dass seine Worte auf irgendeiner Ebene bei Ihnen Anklang gefunden haben. Auch wenn solche Kommentare in böser Absicht geäußert wurden, ist wahrscheinlich immer noch ein Teil der Wahrheit darin enthalten. Wenn Sie diese neu gewonnene Einsicht annehmen, können Sie mehr Verständnis und Wertschätzung für sich selbst und andere entwickeln.

Im Allgemeinen können Sie durch verschiedene Aktivitäten wie Meditation, Gebet, Tagebuchführung und kreativen Ausdruck Zugang zu Ihrem Höheren Selbst finden. Ein entscheidender Schritt, um mit diesem Aspekt von sich selbst in Verbindung zu treten, besteht darin, einen inneren Dialog zu führen und alle Gefühle oder Botschaften zu akzeptieren, die auf Sie zukommen. Ihr Höheres Selbst zeigt Ihnen den Weg zu persönlichem Wachstum, Freude und Transformation. Indem Sie sich auf seine Weisheit einstimmen, können Sie Ängste überwinden und den Herausforderungen des Lebens standhalten. Alles, was Sie brauchen, ist ein offenes Herz, Vertrauen in den Prozess und den Glauben, dass Sie in die richtige Richtung geführt werden.

Engel und Erzengel

Engel sind spirituelle Boten, die Erleichterung, Frieden und Kraft bringen können. Viele Kulturen verehren Engel, darunter das Christentum und das Judentum. Mitglieder dieser Religionen glauben, dass bestimmte Erzengel dazu bestimmt wurden, über bestimmte Bereiche wie Gesundheit, Lebensunterhalt und Schutz zu wachen. Darüber hinaus glauben viele, dass Engel in Zeiten des Kampfes oder der Not in unserem Namen Fürsprache halten können. Mit den richtigen Absichten und einem offenen Herzen ist es einfacher, mit dem Engelreich in Kontakt zu treten, als Sie vielleicht denken. Oft genügt es, eine Bitte laut auszusprechen oder in Zeiten der Not um Hilfe zu bitten.

Es ist wichtig, den Unterschied zwischen Engeln und Erzengeln zu verstehen. Obwohl beide Wesen unter die Überschrift „Engel" fallen, ist es wichtig zu verstehen, dass sie nicht austauschbar sind. Während Engel in der Regel als Boten Gottes beschrieben werden, haben Erzengel spezifischere Aufgaben, z. B. den Schutz von Personen oder die Lenkung menschlicher Ereignisse. In einigen religiösen Texten werden außerdem sieben Erzengel genannt: *Michael, Raphael, Gabriel, Uriel, Sariel, Raguel und Remiel.*

Engel und Erzengel sind also himmlische Wesen, die Gott auf unterschiedliche Weise dienen. Engel fungieren als Boten zwischen den Menschen und Gott, während Erzengel mehr Macht haben und hochrangige Mitglieder der himmlischen Armee sind. Als solche führen sie Gottes Willen auf der Erde aus und stehen in direktem Kontakt mit den Menschen, um ihnen in Zeiten der Krise oder Verzweiflung Führung oder Schutz zu bieten. Der Erzengel Michael zum Beispiel ist dafür bekannt, dass er vor den Menschen erscheint, um sie in gefährlichen Situationen wie in Kriegsgebieten zu beschützen. Diese göttlichen Beschützer sind auch eng mit den Menschen verbunden; ihr unschätzbarer Rat und ihre Unterstützung können für Menschen in Not sehr hilfreich sein. Dies macht den Unterschied zwischen Engeln und Erzengeln deutlich: Erstere sind Wegweiser, die uns durch unser tägliches Leben helfen, während letztere eine immense Autorität in den himmlischen Gefilden besitzen.

Haben Sie schon einmal die Gegenwart eines Engels erlebt? Viele glauben, dass Engel um uns herum existieren und sich auf unterschiedliche Weise manifestieren können. Für manche kann es ein Traum, eine Vision oder sogar ein schwacher Duft von etwas Süßem sein. Andere sehen vielleicht Symbole wie Vögel oder Schmetterlinge, die auf die Anwesenheit eines Engels hinweisen. Überall, wo wir hinkommen, können Engel versuchen, uns zu erreichen, ohne dass wir uns ihrer bewusst sind. Um zu wissen, ob ein Bote von oben versucht, mit Ihnen zu kommunizieren, sollten Sie auf seltsames Verhalten von Tieren oder kurze Lichterscheinungen achten. Selbst wenn etwas auf den ersten Blick normal erscheint, könnte es ein Zeichen dafür sein, dass in der Nähe etwas Bedeutsames geschieht. Es ist auch erwähnenswert, dass man glaubt, dass Engel als Zeichen der Liebe und des Schutzes erscheinen, was es noch wichtiger macht, auf ihre subtilen Signale zu achten.

Alles in allem sind Engel und Erzengel mächtige geistige Wesen, die in Angelegenheiten des menschlichen Lebens eingreifen können. Wenn wir die Hilfe dieser göttlichen Wesen in Anspruch nehmen, können sie uns genau dann Führung, Trost und Hoffnung geben, wenn wir sie am meisten brauchen. Sie sind da, um uns zu helfen, wenn wir aufgeschlossen, achtsam und betend bleiben. Wenn wir uns ernsthaft nach einem tieferen Verständnis unseres Platzes in der Welt sehnen oder Antworten auf unsere Gebete und Anfragen suchen, werden sie uns mit bedingungsloser Liebe und Unterstützung zur Seite stehen. Darüber hinaus werden Engel oft als geheimnisvolle Wesen angesehen, die für wundersame Ereignisse verantwortlich sind, z. B. für den Schutz eines verlorenen Kindes oder die Heilung von einer Krankheit, die unheilbar schien. Diese Ereignisse bleiben jedoch oft unbemerkt oder werden sogar von denen abgestritten, die nicht an ihre Macht glauben. Der Glaube an eine unsichtbare Kraft, die uns hilft, uns zu führen, ist entscheidend für das Verständnis ihrer Präsenz und Stärke.

Ahnen

Das Gefühl der Verbundenheit mit der Vergangenheit können viele von uns nachempfinden. Das Gefühl des Vermächtnisses und der Verantwortung kann für Menschen mit einer langen Familiengeschichte, die von Geschichten und Traditionen durchdrungen ist, extrem sein. *Aber was wäre, wenn Sie mehr als nur auf Ihren Stammbaum zugreifen könnten?* Die Ahnen können tatsächlich als Geistführer dienen, die uns von schmerzhaften Erfahrungen heilen, vergangene Probleme lösen und in Zeiten des Aufruhrs emotionale Unterstützung bieten. Auch wenn es sich zunächst seltsam oder einschüchternd anfühlen mag, sie um Hilfe bei alltäglichen Problemen wie Hausarbeit zu bitten, ist es wichtig zu verstehen, warum es sinnvoll ist, die Weisheit der Ahnen anzurufen, und wie einfach es ist, Kontakt aufzunehmen. Es lohnt sich also, darüber nachzudenken, was sie Ihnen antworten könnten, wenn Sie sie um Rat bitten, und welches historische Wissen sie mit Ihnen teilen könnten, das Ihnen bei der Suche nach Lösungen helfen könnte.

Die Ahnen können uns nicht nur bei den alltäglichen Problemen helfen, die sich im Leben ergeben, sondern sie verfügen oft über eine tiefere Weisheit und Einsicht, da sie jenseits dieser physischen Ebene leben. Sie können Ratschläge zu Fragen geben, die viel schwieriger zu beantworten oder emotionaler Natur sind, und sie können uns bei langfristigen Zielen oder größeren Visionen für unser Leben helfen. Hier können wir auch herausfinden, warum die Kontaktaufnahme mit den Ahnen gar nicht so seltsam ist. Tatsächlich ist es eine Form der Ehrung derer, die vor uns kamen, und die Nutzung ihrer Erfahrungen und ihres Wissens wird in vielen Kulturen seit Jahrhunderten praktiziert. Indem wir uns mit unseren Ahnenführern in Verbindung setzen, können wir Antworten finden, Lektionen lernen, uns für unsere Intuition öffnen und der Vision unserer Vorfahren viel näherkommen.

Die Vergangenheit Ihrer Ahnen zu verstehen, kann Ihnen eine noch umfassendere Perspektive auf das Leben eröffnen. Der Blick auf die Traditionen und den Glauben unserer Vorfahren ist auch ein guter Weg, um die Geheimnisse eines sinnvollen Lebens zu lüften. Wenn Sie Zugang zu ihrer Weisheit haben, können Sie Einblicke in die Art und Weise gewinnen, wie sie an Herausforderungen herangegangen sind und schwierige Situationen gemeistert haben, um weise Entscheidungen zu treffen. Darüber hinaus kann das Gedenken an Ihre Ahnen in Zeiten, in denen Sie sich verloren oder überfordert fühlen, lohnend und ermutigend sein. Indem wir uns mit denen verbinden, die vor uns kamen, können wir von ihren Erfahrungen lernen und sie als Kraftquelle nutzen, um alles zu meistern, was das Leben uns bietet.

Sie können Ihre Ahnen um Hilfe bei folgenden Themen bitten:

- Entdecken Sie Ihren spirituellen Weg und stellen Sie eine Verbindung mit dem Göttlichen her.
- Fördern Sie sinnvolle Beziehungen zu anderen Menschen, einschließlich Familienmitgliedern und Partnern.
- Geben Sie der körperlichen und geistigen Gesundheit Vorrang, um sich rundum wohlzufühlen.
- Schaffen Sie finanziellen Wohlstand für sich und Ihre Lieben, streben Sie nach beruflichem oder unternehmerischem Erfolg und bewahren Sie eine starke Familiendynamik.

Denken Sie daran, dass unsere Ahnen nicht nur von einem anderen Ort kommen, sondern auch aus unserem Inneren. Sie können Führung, Unterstützung und Trost bieten; wir müssen sie nur anrufen. Es kann hilfreich sein, Meditation oder andere Entspannungstechniken zu praktizieren, um eine starke Verbindung zu einem Ahnen herzustellen und offener für seine Botschaften zu werden. Außerdem kann das Wissen über die Kultur, die Bräuche und die Sprache Ihrer Ahnen dazu beitragen, die Verbindung noch weiter zu stärken.

Es kann jedoch eine Herausforderung sein, mit unseren Vorfahren in Kontakt zu bleiben. Um diese Schwierigkeit zu überwinden, sollten Sie sich Fragen wie diese stellen:

- Wie sieht diese Person mich?
- Welchen Rat würde sie mir zu meinen aktuellen Plänen geben?
- Was brauche ich im Moment von ihr?

Diese Art von Fragen kann uns helfen, eine Verbindung zu unseren Vorfahren herzustellen. Wenn wir darüber nachdenken, wie ein Vorfahre uns sehen oder welchen Rat er uns geben würde, können wir unsere Familiengeschichte und -kultur verstehen und herausfinden, inwieweit sie für unsere aktuelle Situation relevant ist.

Wenn Sie versuchen, Antworten auf diese Fragen zu finden, ist es hilfreich, sich nach innen zu wenden. Das Aufschreiben dessen, was auftaucht, kann ein wirksames Mittel sein, um Einblicke in Situationen zu gewinnen und Lösungen zu finden. Schließlich ist es auch ratsam, sich Rat bei anderen zu holen, die ähnliche Erfahrungen gemacht haben oder vielleicht sogar schon verstorben sind; sie können Ihnen helfen, die Herausforderung zu meistern.

Pflanzen

Haben Sie schon einmal daran gedacht, eine Pflanze als spirituellen Führer zu haben? Pflanzen können mehr als nur Dekoration sein; sie bieten eine unschätzbare Quelle des Trostes und der Unterstützung, ganz gleich, was in Ihrem Leben passiert. Selbst wenn Sie vor den schwierigsten Fragen stehen, können Pflanzen für Heilung sorgen und Ihre Gefühle ausgleichen. Außerdem kann ihre beruhigende Präsenz dazu beitragen, Sie zu erden und Klarheit in Ihre Energie zu bringen.

Seit dem Altertum werden Pflanzen wegen ihrer heilenden und spirituellen Kräfte verehrt. Die Verbindung zwischen Pflanzen und spirituellen Praktiken wie dem Schamanismus, der sich auf den Glauben stützt, dass alles eine Seele hat und miteinander verbunden ist, lässt sich 30.000 Jahre zurückverfolgen. Schamanen verwenden Heilpflanzen, um körperliche und emotionale Leiden wie Depressionen und Angstzustände zu behandeln. Sie glauben, dass die Verbindung mit der Energie der Pflanzen durch Rituale ihnen helfen kann, ihre Geistführer, Ahnen, Schutzengel, Krafttiere und andere Formen des Schutzes anzuzapfen. Dies ist nicht nur eine wirksame Form der Heilung, sondern Sie kann uns auch eine Klarheit bringen, die hilft, die Kämpfe des Lebens zu meistern.

Die Verbindung zu Ihrem Pflanzengeistführer ist wie die Verbindung zu jedem anderen spirituellen Mentor und geht über ein einfaches Gespräch hinaus. Um eine wirksame Verbindung herzustellen, müssen Sie offen und empfänglich für die Energien der Pflanze sein und bereit sein, sich Zeit für sie zu nehmen. Darüber hinaus kann das Verständnis der symbolischen Bedeutung der Pflanzen dazu beitragen, eine starke Bindung zu ihnen aufzubauen. Eine rituelle Herangehensweise, z. B. eine Verbindung unter Anleitung von Ritualen oder Meditationen, kann die Verbindung zwischen Ihnen und Ihrem Pflanzengeistführer weiter vertiefen.

Wenn Sie eine sinnvolle Verbindung zu Ihrem Pflanzengeistführer herstellen wollen, fragen Sie ihn laut oder in Gedanken, ob er Sie auf Ihrer Reise begleiten möchte. Alternativ können Sie auch ihre Umgebung besuchen und sie in ihrem natürlichen Lebensraum beobachten. Wenn Ihnen keine dieser Möglichkeiten zusagt, nehmen Sie sich etwas Zeit, um darüber nachzudenken, welche Qualitäten ein idealer Begleiter haben sollte, die Ihnen bei Ihrem Wachstum und Ihrer Entwicklung oder bei der Bewältigung der Herausforderungen, die unser Leben auf diesem Planeten mit sich bringt, von Nutzen sein könnten. Denken Sie außerdem daran, dass Pflanzen Lebewesen sind: *Die Verbindung zu ihnen beginnt damit, dass wir sie mit Respekt und Freundlichkeit behandeln.* Sich um die Welt um uns herum zu kümmern, ist eine Möglichkeit, starke Beziehungen zu anderen Lebensformen zu entwickeln.

Pflanzen sind also unglaubliche Lebewesen, die seit Anbeginn der Zeit existieren. Sie haben eine tiefe Verbindung zur Erde, und viele glauben, dass Pflanzen einen Geist besitzen und den menschlichen Führern hilfreich sein können. Um mit Pflanzengeistführern zu arbeiten, ist es wichtig, herauszufinden, welcher Geistführer für Sie am besten geeignet ist. Vielleicht haben Sie bereits eine Vorliebe für eine bestimmte Pflanzenart, oder Sie können Ihre Nachbarschaft erkunden und verschiedene Arten von Bäumen oder Wildblumen in örtlichen Parks oder Gärten beobachten. Wenn Sie eine bestimmte Pflanze gefunden haben, sollten Sie sich mit ihren einzigartigen Eigenschaften und ihrem Verhalten vertraut machen. Dies wird dazu beitragen, Ihre Verbindung zu vertiefen und Ihnen Zugang zu Einsichten und Weisheiten zu verschaffen, die nur diese Pflanze vermitteln kann.

Tiere

In allen Kulturen wurden Krafttiere eingesetzt, um die spirituelle und die physische Welt zu verbinden. Mit ihrer Hilfe können die Menschen besser verstehen, wer sie sind und wo ihr Platz in der Welt ist. Durch Rituale und Aktivitäten kann man sich mit seinem Krafttier verbinden, um wertvolle Erkenntnisse über das Leben zu gewinnen. Dieser Teil des Buches wird Sie dabei unterstützen, diese spirituelle Reise zu erforschen und die Kraft in sich selbst freizusetzen, die Ihr Krafttier symbolisiert.

Die Menschen glauben seit langem, dass Tiere mehr als nur physische Wesen sind und einzigartige Fähigkeiten haben, spirituelle Wahrheiten zu offenbaren. In vielen Stämmen der amerikanischen Ureinwohner werden beispielsweise Totems oder Talismane verwendet, um den Geist eines Tieres und seine Eigenschaften zu beschwören. Damit wird die Weisheit dieser Tiere geehrt und gewürdigt. Mithilfe dieser tierischen Geistführer können die Menschen Einblicke in ihre spirituelle Reise und ihr persönliches Wachstum gewinnen. Außerdem verwenden Schamanen nicht nur Kräuter und verschiedene Pflanzen zur Heilung, sondern auch tierische Arzneimittel. Tierarzneimittel können in verschiedenen Formen vorliegen, z. B. als Extrakte, Teile (wie Fell oder Knochen) oder das ganze Tier.

Wenn Sie an Krafttiere denken, kommen Ihnen vielleicht auch die Totems der amerikanischen Ureinwohner in den Sinn, starke Symbole, die den Geist und die Persönlichkeit eines Tieres widerspiegeln. Diese Totems werden von den Stämmen unterschiedlich interpretiert. Einige glauben zum Beispiel, dass nur bestimmte Tiere Essenzen haben, die als Totems verwendet werden können. Andere wiederum glauben, dass alle Lebewesen Geister haben, was die Verwendung verschiedener Tiere als Symbole für menschliche Eigenschaften wie Stärke oder Tapferkeit erklärt. Unabhängig von der Interpretation können uns Geisttiere etwas über uns selbst lehren und uns helfen, uns mit der natürlichen Welt um uns herum zu verbinden. Nehmen wir zum Beispiel an, Ihr Totemtier ist der Kojote. In diesem Fall passen Sie sich schnell an, ähnlich wie Kojoten dafür bekannt sind, sich an veränderte Umstände in ihrer Umgebung anzupassen.

Vielleicht ist Ihnen schon einmal aufgefallen, dass bestimmte Tiere Sie in ihren Bann ziehen und Sie zum Nachdenken darüber anregen, welche tiefere Bedeutung sie haben könnten. Psychologen sind der Meinung, dass Menschen bei Entscheidungen ihr Herz und ihren Instinkt nutzen können, auch bekannt als „Bauchgefühl", anstatt sich ausschließlich auf die Logik zu verlassen. Ein paar prominente Beispiele für Tiere und die damit verbundene Symbolik sind Eulen, die für Weisheit stehen. Wölfe stehen für Stärke und Führung, während Schlangen für Verwandlung stehen. Wenn die Eigenschaften eines Tieres die Ihren widerspiegeln, könnte es etwas über Ihren Lebensweg aussagen oder als spiritueller Führer dienen. Um die Verbindung zwischen Ihnen und den Tieren besser zu verstehen, sollten Sie sich von einem Experten für Tiersymbolik beraten lassen und dessen Erkenntnisse nutzen, um fundiertere Entscheidungen zu treffen.

Die Anwesenheit eines Krafttieres in Ihrem Leben zeigt an, dass Sie in irgendeiner Weise mit der spirituellen Welt verbunden sind. Es kann Stärke in schwierigen Zeiten symbolisieren oder Sie auf Ihrer persönlichen Reise der Selbsterkundung begleiten. Im Allgemeinen wird ein Krafttier mit einer bestimmten Emotion oder einem bestimmten Zustand in Verbindung gebracht. Andere glauben, dass sie denjenigen, die es am meisten brauchen, Schutz und Weisheit bieten. Außerdem heißt es, dass jeder Mensch zu einem bestimmten Zeitpunkt mehr als ein Krafttier in sich tragen kann. Wenn Sie beobachten, welche Tiere in Ihrem Alltag auftauchen, sei es in Traumsequenzen, Kunstwerken oder unerwarteten Ereignissen, können Sie die geistigen Zeichen erkennen, die Sie mit allen Lebewesen verbinden.

Gottheiten

Um ein schamanisches Glaubenssystem zu entwickeln, muss man sich mit den verschiedenen dazugehörigen Gottheiten vertraut machen. Es gibt zwar eine große Anzahl von Göttern und Göttinnen, aber einige sind bekannter als andere, wie Odin, Ra, Amaterasu und Quetzalcoatl. Darüber hinaus hat jede Gottheit ihre eigenen Befugnisse und Verantwortlichkeiten, die oft die Glaubensvorstellungen und Werte der jeweiligen Kultur oder Region widerspiegeln. Um das Konstrukt eines schamanischen Glaubenssystems wirklich zu verstehen, ist es unerlässlich, alle damit verbundenen Götter zu kennen.

Die ursprüngliche Gottheit

Die ursprüngliche Gottheit ist der Ursprung aller Existenz. Als solche ermöglicht ihre Macht die Manifestation und Kontrolle über alle physischen und metaphysischen Realitäten. Dazu gehört, dass sie den Sterblichen Leben und Führung gibt, Zeit und Raum manipuliert und andere Dimensionen außerhalb unserer Realität erschafft. Viele Kulturen verehren dieses Wesen aufgrund seiner grenzenlosen Fähigkeiten, die schon vor der Zeitrechnung vorhanden waren, als göttliche und allmächtige Gestalt. Mit dieser immensen Macht geht die Verantwortung einher, das Gleichgewicht im Universum aufrechtzuerhalten, indem es sowohl die guten als auch die bösen Kräfte kontrolliert. Diese Fähigkeiten werden der Urgottheit zugeschrieben und sind Bestandteil vieler historischer und spiritueller Überzeugungen.

Der Himmelsgott

In fast allen Religionen und Kulturen wurden Himmelsgötter wegen ihrer Macht über die Elemente verehrt. Außerdem wird die Himmelsgottheit oft als älterer Mann mit langem weißem Haar, der mit geschlossenen Augen auf einem Regenbogen sitzt, dargestellt. Dies symbolisiert, dass er schützend über die Welt wacht, ohne einzugreifen, es sei denn, es ist notwendig. Er kann auch mit engelsähnlichen Flügeln dargestellt werden oder einen mit Federn geschmückten Kopfschmuck tragen, wie ihn die amerikanischen Ureinwohner im Kampf gegen andere Stämme oder Nationen in der Kolonialzeit trugen. In vielen Kulturen wird diese Figur mit Weisheit und Führung assoziiert; der Himmelsgott bietet Rat und Schutz, obwohl er nicht direkt beteiligt ist. Sein Wissen gilt als umfangreich und den Normalsterblichen überlegen.

Die alten Griechen nannten ihren Himmelsgott *Zeus*, während andere Kulturen Namen wie *Toran*, *Thor*, *Tāwhirimātea* und *Indra* verwendeten. In den meisten Geschichten, in denen ein Himmelsgott vorkommt, glaubt man, dass er in der Lage ist, das Wetter zu kontrollieren, indem er Wind und Regen manipuliert. Außerdem werden Himmelsgötter in der Regel für den Schutz der Menschen vor Naturkatastrophen wie Überschwemmungen und Stürmen verantwortlich gemacht, indem sie mächtige Donnerschläge oder Blitze einsetzen. Letztlich wurde angenommen, dass diese Götter die täglichen Bewegungen der Sonne und der Sterne am Himmel überwachen.

Die Familie des Himmelsgotts

Der Himmelsgott ist das Oberhaupt des Pantheons und hat eine Familie, zu der er gehört:

- **Die Sonne.** Sie spendet Licht und Wärme, um das Leben zu erhalten.
- **Der Mond.** Er erhellt die Dunkelheit und arbeitet zusammen mit den Sternen, die nachts hell leuchten.
- **Die Sterne.** Sie sind die Nachkommen der Sonne und erhellen den Nachthimmel mit ihrem beständigen Schimmer.

Neben diesen drei Hauptgöttern gibt es noch viele andere, die verschiedene Aspekte der Natur repräsentieren: Wind, Regen und Erde sind Teil des Stammbaums dieses Pantheons.

Die Mutter Erde

Die Mutter Erde oder Erdgöttin ist die Schöpferin der Welt und verantwortlich für jeden Bewohner. Sie wird als Göttin der Landwirtschaft und der Fruchtbarkeit verehrt und herrscht über Pflanzen, Tiere, Wälder und Gewässer. Sie versorgt die Menschen mit dem, was sie täglich brauchen, damit sie in Harmonie miteinander und mit der Natur leben und ein zufriedenes Leben führen können. Als Ausdruck des tiefen Respekts vor ihrem Einfluss auf das Leben und die Fruchtbarkeit haben viele Kulturen die Mutter Erde durch saisonale Feste wie Lammas oder Imbolc gefeiert.

Die Wassergeister

Weltweit gibt es viele Legenden über Wassergeister, von Kappa in Japan bis Nāga in Indien. Wassergeister gelten als mächtige und geheimnisvolle Wesen, die in Flüssen, Seen und anderen Gewässern leben. Ihr Verhalten gegenüber den Menschen kann je nach Art variieren. Einige sind schalkhaft oder bösartig, während andere freundlich und wohlwollend sein können.

Die Ahnen

Unsere Ahnen sind ein wesentlicher Bestandteil des spirituellen Glaubenssystems der Schamanen. Sie haben ihre Weisheit und Lehren durch gemeinsame Geschichten, Märchen und Legenden über Generationen hinweg weitergegeben. Der Schamanismus lehrt, dass diese Vorfahren uns in menschlicher Gestalt nahe bleiben und uns durch das Leben führen. Darüber hinaus glaubt man, dass die Geister der eigenen Familie, des Stammes und des

Volkes in einem verweilen und Einsicht in die Wurzeln der Ahnen gewähren, die das eigene Wesen ausmachen.

Insgesamt basiert der alte schamanische Glaube auf der Verehrung und Verbindung mit den Göttern und Göttinnen, die die Elemente kontrollieren und das Leben der Menschen beeinflussen. Zu diesem Zweck beten die Anhänger dieser Glaubenssysteme regelmäßig zu den von ihnen gewählten Gottheiten und führen Rituale durch, die symbolische Bedeutungen haben. Das Wissen um diese Gottheiten hilft uns, einen Einblick in die Funktionsweise der Welt zu gewinnen, und kann eine Quelle des Verständnisses für die Ereignisse des Lebens sein. Außerdem müssen wir diese Gottheiten erkennen, anerkennen und ihnen für ihre Hilfe danken, um ein positives Wachstum zu erfahren. Wenn wir sie ehren, erhalten wir Zugang zu unserem verborgenen Wissen, unserer Intuition und unserer Kraft.

Säule 3
Reise

Die dritte Säule des Schamanismus, die Reise, ist der Ort, an dem die eigentliche Arbeit beginnt. Wir werden die verschiedenen Wege zum Erreichen eines schamanischen Bewusstseinszustandes aufdecken, einschließlich Seelenflug, Meditation und Rituale. Auf diese Weise erhalten wir Zugang zu Geistführern, Ahnen und anderen Wesenheiten der schamanischen Welt, die uns einzigartige Einsichten und Erkenntnisse über unser Leben und die Welt um uns herum vermitteln können. Hier erfahren Sie mehr über die verschiedenen Techniken und Werkzeuge, die Schamanen auf ihren Reisen verwenden, und wie Sie diese nutzen können, um Ihre spirituelle Praxis zu verbessern und sich mit den unsichtbaren Welten zu verbinden.

Was ist eine schamanische Reise?

Schamanische Reisen sind eine Art Tiefenmeditation, die Ihnen die Möglichkeit bietet, die Tiefen Ihres Inneren zu erforschen und Einsicht in sich selbst und in Situationen zu gewinnen, denen Sie gegenüberstehen. Durch geführte Visualisierungen können Sie Zugang zu Ihrer Intuition finden und Klarheit über die Dinge gewinnen.

Seelenflug

Sich in die Lüfte zu erheben kann aufregend sein, wenn es Ihr Traum ist. Der schamanische Seelenflug ist eine uralte Praxis, bei der man seinen physischen Körper verlässt, um andere Welten zu erkunden. Dies kann durch Meditation, eine schamanische Reise oder Zeremonie oder sogar mithilfe bestimmter Drogen geschehen. Durch den Seelenflug können wir mit geistigen Helfern in Kontakt treten und neue Orte und Erkenntnisse entdecken. Die Beherrschung dieser Fähigkeit erfordert Übung, und es ist am besten, wenn man sich bei den ersten Flügen von einem erfahrenen Schamanen helfen lässt, um Sicherheit zu erlangen.

Die Reise des Seelenflugs erfordert daher eine gewisse Vorbereitung. Um Kontrolle über die Erfahrung zu erlangen und einen erfolgreichen Start zu gewährleisten, muss man sich eine gute Erdung aneignen und in Kontakt mit seinem Körper und Geist sein. Ein hervorragender Anfang ist es, einen friedlichen Ort zu finden, vielleicht ohne große Störungen, und sich bequem vor einen Altar oder einen Tisch mit persönlicher Bedeutung zu setzen. Durch drei tiefe Atemzüge kann man sich die Absicht für die bevorstehende Reise setzen und sich auf seine inneren Visualisierungen konzentrieren. Stellen Sie sich nun vor, wie Sie hoch über Ihrem Haus oder Ihrer Nachbarschaft schweben und alles, was unter Ihnen liegt, aus einer göttlichen Perspektive betrachten.

Die Aneignung von Wissen über den Seelenflug ist wichtig. Das reicht jedoch nicht aus. Regelmäßiges Üben ist notwendig, um die Gefühle des Verlassens des Körpers zu erfahren. Suchen Sie sich einen vertrauenswürdigen Lehrer, der Sie auf dieser Reise begleitet, und verpflichten Sie sich, die Sitzungen durchzuhalten. Selbst erfahrene Schamanen finden es bei ihren ersten Flügen schwierig. Lassen Sie sich also nicht entmutigen, wenn die Fortschritte nicht sofort eintreten, sondern nehmen Sie sich Zeit, üben Sie fleißig und fliegen Sie sicher.

Schamanisches Reisen praktizieren

Schamanisches Reisen ist eine uralte, in der Weisheit indigener Kulturen verwurzelte Praxis, die es dem Einzelnen ermöglicht, Wissen und Kraft zu erlangen, um den Planeten und seine Bewohner zu heilen. Diese Reise ist ein Weg, um Einsicht in das eigene wahre Selbst zu gewinnen, Autorität zu entdecken und Zugang zu anderen Welten zu finden. Sie bietet die Möglichkeit, genaues Verständnis, Heilung und Transformation zu finden. Die schamanische Reise ist ein Weg der Genesung, des Bewusstseins und der Ermächtigung; sie ist ein Weg, die Kraft freizusetzen, die für die Wiederbelebung der Erde und ihrer Bewohner notwendig ist.

Eine schamanische Reise ist eine tiefgreifende und erleuchtende Erfahrung. Sie kann verschiedene Aktivitäten beinhalten, wie z. B. Trommeln und Trancetanz, um in einen veränderten Zustand zu gelangen, das Singen von Gebeten oder Mantras oder achtsame Meditation. All dies bietet dem Einzelnen die Möglichkeit, Informationen über sein Inneres Selbst zu erhalten und verborgene Aspekte seines Lebens und seiner Identität aufzudecken. Dieses neu gewonnene Wissen kann für die persönliche Weiterentwicklung genutzt und mit anderen geteilt werden, um positive Veränderungen in der Welt zu bewirken. So ist schamanisches Reisen ein Weg zur Selbstbefähigung und ein mächtiges Werkzeug, um unser wahres Potenzial zu erwecken.

Über viele Jahre habe ich den Schamanismus praktiziert, und er kann auf zahlreiche Arten erforscht werden. Man kann ihn als Heilmittel nutzen oder als Einweihungsprozess, um höhere Machtebenen in sich selbst oder in denen, die einen auf der Reise begleiten, zu erreichen. Darüber hinaus kann er auch als Chance genutzt werden, tiefer in sich selbst einzutauchen, ohne ein anderes Ziel zu verfolgen, als durch Selbstreflexion und Einsicht mehr Wissen zu erlangen, während man in *„die Welt"* jenseits unserer physischen Realität eintaucht.

Schamanen nutzen schamanische Reisen, um sich mit spirituellen Welten zu verbinden, mit Geistern und Göttern in Kontakt zu treten und sich selbst zu heilen, indem sie in einen veränderten Bewusstseinszustand eintreten. Aber nicht nur Schamanen, sondern jeder kann es lernen. Seit Tausenden von Jahren wird diese Praxis von indigenen Völkern auf der ganzen Welt angewandt, um eine Verbindung zwischen ihrer Welt und dem, was sie *„das Göttliche"* nennen, herzustellen. Auch heute noch praktizieren Schamanen in verschiedenen Zeremonien rund um den Globus schamanisches Reisen.

Richten Sie zu Beginn Ihrer Zeremonie einen heiligen Raum ein. Zünden Sie Kerzen oder Räucherstäbchen an, um eine rituelle Atmosphäre zu schaffen. Stellen Sie die Trommel auf einen Altar oder Tisch, sodass sie für alle Teilnehmer sichtbar ist. Rufen Sie die Wächter der einzelnen Himmelsrichtungen nacheinander an: *Osten (Luft), Süden (Feuer), Westen (Wasser) und Norden (Erde)*. Spüren Sie ihre einzigartige Energie, wenn sie aus allen vier Richtungen um Sie herum eintreten; stellen Sie sich vor, dass ihre Anwesenheit den Kreis erfüllt. Fragen Sie, ob sich weitere helfende Geister anschließen möchten und ob jemand zu diesem Zeitpunkt Heilungsarbeit an sich benötigt. Danach begeben Sie sich mit vollem Bewusstsein auf Ihre gemeinsame spirituelle Reise.

Durch Meditation und Rituale neue Perspektiven und Einsichten gewinnen

Meditation ist eine Form des Trainings für Geist und Körper und eine hervorragende Möglichkeit, sich seiner Gedanken und Gefühle bewusster zu werden. Räucherstäbchen sind seit Jahrhunderten ein fester Bestandteil religiöser Zeremonien und haben eine beruhigende Wirkung sowohl auf den Praktizierenden als auch auf die Umgebung. Es schafft nicht nur eine entspannende Atmosphäre, sondern hilft auch, verweilende negative Energie zu beseitigen und positive Schwingungen entstehen zu lassen. Die Kombination von Räucherwerk und Meditation kann hilfreich sein, um die Konzentration und den Fokus zu vertiefen, sodass man in kürzerer Zeit von der meditativen Wirkung profitieren kann. Darüber hinaus hat die Verwendung von Räucherwerk während der Meditation auch spirituelle und körperliche gesundheitliche Vorteile, wie z. B. die Verringerung des Stresspegels, die Förderung geistiger Klarheit und die Linderung von Ängsten.

Seit langem wird die Meditation mit einer Verbesserung der körperlichen und geistigen Gesundheit, der kognitiven Leistungsfähigkeit, der Kreativität und der Produktivität in Verbindung gebracht. Indem wir unseren inneren Zustand beobachten und unseren Gedanken zuhören, können wir Einsicht in uns selbst gewinnen und die Herausforderungen des Lebens besser bewältigen.

Ebenso können Sie mit einem Führer oder Lehrer geführte Meditationen machen. Bei der geführten Meditation liegt die Kraft zur Entfaltung Ihres Potenzials in Ihrem Geist. Ein erfahrener Lehrer oder Führer kann Ihnen das Wissen und die Anleitung geben, die Sie brauchen, um das Beste aus Ihrer Praxis herauszuholen. Zahlreiche Studien haben gezeigt, dass selbst eine kurze tägliche Meditationszeit Ihre körperliche, geistige und emotionale Gesundheit erheblich verbessern kann. Darüber hinaus hat die Forschung gezeigt, dass geführte Meditation den Cortisolspiegel im Körper senken kann und so Entspannung und Wohlbefinden fördert.

Rituale sind auch ein mächtiges Mittel zur Selbstfindung. Viele spirituelle Traditionen stützen sich auf Rituale, um ihre Verbindung zu etwas Größerem als sich selbst zu vertiefen. Durch Rituale können wir neue Perspektiven entdecken oder Einsicht und Klarheit in eine Situation oder einen Gedankenprozess erlangen, die bzw. der zuvor schwer zu fassen waren. Darüber hinaus können sie als Gelegenheit zur persönlichen Transformation genutzt werden, indem wir uns aktiv an Aktivitäten beteiligen, die uns helfen zu erforschen, wer wir sind und was jenseits unserer Komfortzone liegt. Diese Praktiken ermöglichen es uns, den gegenwärtigen Moment neu wahrzunehmen, sodass wir mit größerer Zufriedenheit und Zielstrebigkeit voranschreiten können.

Des Weiteren gibt es mit Mantras eine Form der Meditation, die Ihnen helfen kann, Einsichten und Klarheit zu gewinnen. Sie werden nicht nur mit religiösen Praktiken in Verbindung gebracht, sondern können auch persönliche Affirmationen darstellen. Sie könnten zum Beispiel ständig wiederholen: *„Ich bin dankbar"*, um sich an Ihre Dankbarkeit zu erinnern. Oder Sie verwenden das Mantra *„Ich verfolge meinen Traumjob"*, um sich an Ihre Ziele zu erinnern. Mantras können nicht nur als Affirmationen und Erinnerungshilfen verwendet werden, sondern auch, um sich während einer Yoga- oder Achtsamkeitspraxis zu konzentrieren, was zu tiefer Entspannung und besserer psychischer Gesundheit führt.

Um sich zu entspannen und zu meditieren, sollten Sie Räucherwerk verwenden. Wie bereits erwähnt, wird Räucherwerk seit langem zur Förderung von Entspannung und Meditation verwendet. Das Verbrennen von Räucherstäbchen kann zahlreiche Vorteile haben, von der Beruhigung des Geistes und dem Abbau von Stress bis hin zur Steigerung der Konzentration. Es kann auf verschiedene Weise verwendet werden, von der Anregung der Yoga-Praxis bis hin zur Schaffung einer Atmosphäre für Gebet oder Reflexion. Die alten Mystiker glaubten sogar, dass Rauch Gebete direkt in das göttliche Reich oder zu den Göttern transportieren kann, um Antworten und Führung zu erhalten.

Außerdem haben die verschiedenen Arten von Räucherwerk unterschiedliche Bedeutungen: Sandelholz steht beispielsweise für Frieden und Ruhe, während Jasmin mit spirituellem Erwachen assoziiert wird. So kann Räucherwerk je nach Art auch heilende Eigenschaften haben und eine einzigartige Atmosphäre schaffen. Darüber hinaus enthalten viele Arten von Räucherwerk natürliche ätherische Öle, die zusätzliche aromatherapeutische Vorteile bieten. Bei der großen Auswahl an Räucherstäbchen gibt es mit Sicherheit ein Produkt, das Ihren Vorlieben und Bedürfnissen entspricht.

Verkörperung der Praxis – Integrieren Sie sie in Ihr Leben

Mit unserem spirituellen Weg verbunden zu bleiben, ist wichtig, um ein Gefühl des Wohlbefindens zu erhalten. Dieses Buch bietet praktische Ratschläge, um den Lesern zu helfen, Spiritualität in ihr tägliches Leben zu integrieren, trotz der verschiedenen Herausforderungen, einschließlich der Schwierigkeiten, Resonanz mit einer bestimmten Praxis zu finden, der Komplexität oder Intensität ihrer Anforderungen und der begrenzten Zeit. Die Tipps und Anleitungen sind so gestaltet, dass spirituelle Praxis auf zugängliche und nachhaltige Weise Teil des eigenen Lebens wird.

Es kann schwierig sein, spirituelle Praktiken in unser tägliches Leben einzubauen, aber es gibt viele Möglichkeiten, dies zu erreichen. Sie könnten sich zum Beispiel jeden Tag zu einer kurzen Achtsamkeitsphase verpflichten oder sich vor dem Schlafengehen ein paar Augenblicke Zeit nehmen, um in Ruhe nachzudenken. Allerdings haben nur wenige den Luxus, einen eigenen Raum für ihre spirituelle Praxis zu haben. Daher müssen Sie vielleicht mit verschiedenen Ansätzen experimentieren, je nach Ihrem Lebensstil und Ihren Beschränkungen. Auch wenn es Mut erfordert, offen über seine Überzeugungen zu sprechen, kann das Gespräch darüber auch dazu beitragen, eine engere Verbindung zu den Menschen um einen herum aufzubauen, was ein wichtiger Bestandteil jeder spirituellen Reise ist.

Hier sind einige Ideen, die Ihnen dabei helfen können, den von Ihnen gewählten spirituellen Weg vollständig in Ihr Leben zu integrieren:

- **Recherchieren Sie Ihre spirituelle Praxis.** Bringen Sie Ihre spirituelle Praxis auf die nächste Stufe, indem Sie ihre Geschichte und ihre Ursprünge erforschen. Vertiefen Sie sich in ihre Traditionen und Bräuche, um ein noch besseres Verständnis zu erlangen. Diese Grundlage kann als Basis für weiteres Lernen und Erforschen dienen. Darüber hinaus können Sie Fakten nachschlagen, die mit Ihrer spirituellen Praxis in Verbindung stehen und deren Zusammenhänge verdeutlichen, um Ihr Verständnis für das Thema zu vertiefen.

- **Suchen Sie sich einen Lehrer oder Mentor.** Die Suche nach einem Lehrer oder Mentor kann für das spirituelle Wachstum von Vorteil sein. Ein Mentor kann Weisheit, Einsichten und Unterstützung bieten, die oft mit Lebenserfahrung einhergehen. Er kann Ihnen zeigen, wie Sie die Lehren im täglichen Leben anwenden können. Er beantwortet alle Ihre Fragen, die auftauchen. Außerdem kann er Ihnen helfen, trotz der Herausforderungen, die sich auf dem Weg ergeben, motiviert zu bleiben. Mentoren sind auch eine gute Quelle für Ideen und Techniken, die Ihre Reise reibungsloser und erfolgreicher machen könnten.

- **Finden Sie eine Unterstützungsgruppe.** Der Anschluss an eine gleichgesinnte Gemeinschaft ist eine hervorragende Möglichkeit, spirituelle Führung und Unterstützung zu finden. Der Beitritt zu einer Selbsthilfegruppe kann Ihnen dabei helfen, Beziehungen zu Menschen zu knüpfen, die Ihre Werte teilen, und sich bewusster zu machen, was im Leben wichtig ist. Zudem können Sie sich auf Beziehungen konzentrieren, was zu größerem Wohlbefinden statt zu Angst führt. Indem Sie sich mit anderen zusammenschließen, die ähnliche Überzeugungen haben, können Sie wertvolle Weisheit und Verständnis erlangen. Eine Möglichkeit, mit Gleichgesinnten in Kontakt zu treten, besteht darin, sich virtuellen Gruppen anzuschließen oder an lokalen Treffen teilzunehmen, die sich der Erforschung der Spiritualität widmen. Virtuelle Gruppen auf Social-Media-Plattformen wie Facebook bieten eine bequeme Möglichkeit, sich mit anderen auszutauschen, die Ihre Interessen teilen. Lokale Treffen in der Nähe Ihres Wohn- oder Arbeitsortes können Ihnen Zeit sparen und den Reisestress verringern. Diese Veranstaltungen bieten die Möglichkeit, Beziehungen zu Menschen aufzubauen, die die gleichen Interessen haben. Sie können von den Erfahrungen der anderen lernen und Ratschläge, Geschichten und Überlegungen austauschen. Sie können diese Treffen auch als Gelegenheit nutzen, um sich abseits der Hektik des Alltags zu erholen und zu entspannen.

Wenn Sie die spirituelle Praxis zu einer täglichen Gewohnheit machen, können Sie sie als einen bedeutenden und wesentlichen Aspekt Ihres Lebens integrieren. Am Anfang werden Sie vielleicht nicht in der Lage sein, dies zu tun, aber das ist in Ordnung. Fangen Sie langsam an und steigern Sie die Zeit jeden Tag, sobald Sie sich daran gewöhnt haben.

Die Anwendung spiritueller Praktiken kann ein wirksames Mittel sein, um geistiges, emotionales und körperliches Wohlbefinden zu kultivieren. Jede Religion oder jedes spirituelle Ritual bietet eine einzigartige Reihe von Praktiken, die Harmonie in das eigene Leben bringen können. Die Meditation beispielsweise ist eine uralte Praxis, die seit Jahrhunderten Frieden, Klarheit und Verbundenheit fördert. Darüber hinaus sind Achtsamkeitsübungen ein beliebtes Mittel, um Stress und Ängste abzubauen. Yoga hingegen hilft, den Körper zu stärken und flexibel zu machen. Wenn Sie diese Art von Spiritualität in Ihre tägliche Routine integrieren, kann das für ein erfülltes Leben von großem Nutzen sein.

Die Gestaltung eines sinnvollen und befriedigenden spirituellen Weges ist ein wesentlicher Bestandteil Ihres Lebensweges. Wenn Sie sich dieser Bedeutung bewusst sind, können Sie sich bei Ihren Entscheidungen davon leiten lassen und in jeder Situation mit Ihrer Spiritualität verbunden bleiben. Auch wenn Sie diese Verbindung nicht sofort herstellen können, sollte der erste Schritt darin bestehen, sich um alle Aspekte Ihres Selbst zu kümmern. Leider haben viele Menschen ein schlechtes Gewissen, wenn sie sich zuerst um sich selbst kümmern, bevor sie sich um ihre Mitmenschen kümmern. Gewissensbisse sind jedoch auf lange Sicht für niemanden von Vorteil. Um eine bereichernde Erfahrung bei der Kultivierung der Spiritualität zu machen, sollten Sie neue Perspektiven erkunden und verschiedene Aktivitäten im Zusammenhang mit Ihrem Glauben wahrnehmen. Bereichern Sie Ihre Reise außerdem, indem Sie historische Informationen entdecken und Schriften lesen, die mit Ihrem Glauben zu tun haben. Auf diese Weise können Sie Ihr Verständnis und Ihre Wertschätzung für den Glauben stärken.

Im Folgenden finden Sie einige Tipps, wie Sie mit Ihrer Spiritualität in Kontakt kommen können.

- **Nehmen Sie sich einen Moment Zeit, um Spiritualität in Ihren Tagesablauf einzubauen.** Meditieren Sie, denken Sie nach oder beten Sie jeden Tag fünf Minuten lang. Tun Sie dies als Erstes am Morgen oder am späten Abend, wenn es weniger Ablenkungen gibt. Alternativ können Sie sich in einer Pause oder in einer Übergangsphase ein paar Minuten Zeit nehmen, um sich mit Ihrer spirituellen Seite zu verbinden. Atmen Sie zum Beispiel ein paar Mal tief durch und konzentrieren Sie sich, bevor Sie mit einer Aufgabe beginnen, oder üben Sie sich in Achtsamkeit, während Sie eine alltägliche Tätigkeit wie den Abwasch erledigen. Jeder kleine Moment zählt, um eine spirituellere Einstellung zu kultivieren. Die Verbindung zu Ihrer spirituellen Seite ist von unschätzbarem Wert, da die Einbeziehung spiritueller Achtsamkeit in Ihr Leben zu mehr innerem Frieden und Zufriedenheit führt.
- **Erforschen Sie alle religiösen Traditionen, mit denen Sie aufgewachsen sind.** Denken Sie darüber nach, welche Überzeugungen Ihnen in Ihrer Kindheit eingeflößt wurden und wie andere diese Praktiken sahen. Denken Sie über Ihre Lehren aus früheren Erfahrungen nach und untersuchen Sie, wie diese Ihre heutigen Entscheidungen beeinflussen. Erkennen Sie auch Gemeinsamkeiten und Unterschiede zwischen Ihren persönlichen Überzeugungen und Praktiken und denen anderer Menschen, die einen ähnlichen Hintergrund wie Sie haben. Nehmen

Sie sich Zeit, um mehr über andere Kulturen, ihre Werte, Traditionen und Lebensweisen zu erfahren, die dazu beitragen können, sich selbst besser zu verstehen. Wenn Sie Ihr spirituelles Selbst entdecken, gewinnen Sie Wissen und Einfühlungsvermögen gegenüber anderen.

— **6** —

Drei schamanische Welten

Die Menschen sprechen oft über ihre Neugier und ihren Wunsch, das Unbekannte zu erforschen, insbesondere eine Reise in die „Untere Welt" zu unternehmen. Aber was ist damit gemeint? Aus wissenschaftlicher Sicht gibt es diese Welt vielleicht nicht. Und doch gibt es viele, die sich auf diese geheimnisvolle Suche begeben.

Um einen solchen Ort zu besuchen, sind ein mutiger Abenteuergeist und eine fantasievolle Herangehensweise an Ihre Reisen erforderlich. Außerdem werden Sie auf Ihrer Reise neue Orte und Geschichten entdecken, was eine unglaubliche Erfahrung sein kann. Und vielleicht lernen Sie sogar etwas Unerwartetes auf dem Weg. Aber lassen Sie uns zunächst erkunden, was diese geheimnisvollen Gefilde sind.

Untere Welt

Tagträume und Meditation können die Tür zu einem Bereich öffnen, der oft als die „Untere Welt" angesehen wird. In diesem veränderten Zustand können Sie sich in ein Krafttier verwandeln, in die Untere Welt eintauchen und erkunden, was unter der Oberfläche liegt. Stellen Sie sich vor, Sie seien ein Krafttier, das ein Reich mit Hügeln und Tälern bewohnt, mit Seen und Flüssen, die seltsamerweise an Ihre Heimatstadt erinnern. Sehen Sie sich die urzeitlichen

Bewohner an, Kreaturen, die schon existierten, bevor die Menschen die Erde bewohnten. In diesem verborgenen Land können Sie diese Wesen bei ihren Aktivitäten beobachten, wie sie Familien oder Stämme bilden. *Welche Art von Nahrung essen sie? Welche Art von Kleidung tragen sie? Wie haben diese Lebewesen eine soziale Ordnung entwickelt, und wie reagieren sie auf ihre Umwelt?*

Diese Fragen sind mehr als nur akademische Grübeleien; die Antworten können wichtige Erkenntnisse über die Beziehung zwischen Mensch und Natur liefern. *Benutzen sie eine bestimmte Technologie? Können sie telepathisch oder durch lautes Sprechen kommunizieren? Welche Art von Spielen spielen sie zusammen, und welche Musik hören sie gerne? Wie stellen sie ihre Instrumente her, und wenn Technologie eingesetzt wird, wie wirkt sie sich auf sie aus?* Durch die Erkundung solcher Fragen werden Sie mehr über die Untere Welt erfahren.

Für diejenigen, die sich noch nie in die Untere Welt gewagt haben, kann es hilfreich sein, sich vorzustellen, in eine Höhle hinabzusteigen, ins Wasser zu gehen oder sogar in einen Schlummer zu fallen, um dieses geheimnisvolle Reich zu betreten. Dieses seltsame Reich, das Sie erwartet, ist mit nichts vergleichbar, was Sie je zuvor gesehen haben. Es ist eine atemberaubende, aber karge Landschaft mit heißem und düsterem Boden, der mit wirbelnden Staub- und Sandwolken übersät ist. Es gibt keine Anzeichen von Leben, weder Tiere noch Bäume sind zu sehen. Kein üppiges Grün und keine frischen Bäche. Stattdessen zeichnet sich dieses trostlose Gebiet durch eine riesige Weite aus, die Ihre Sinne anregt und Ihre Kreativität fördert. Beim Durchqueren der unbarmherzigen Umgebung entdecken Sie versteckte Oasen, Felsen und uralte Ruinen, die Ihnen einen Einblick in die Kultur und die Bräuche der Ahnen geben, die in diesem Reich lebten.

Der Eintritt in die Untere Welt ist wie ein Traum, der lebendiger und authentischer ist als die Realität. Sie sind sich bewusst, dass Sie sich in einer Umgebung befinden, die von der physischen Welt entfernt ist, aber Zugang zur Führung durch Ihre Ahnen hat. Aus dieser einzigartigen Landschaft ergeben sich Botschaften und Einsichten, die Aufschluss darüber geben, wie man die Herausforderungen des Lebens meistern kann. Rituale und Zeremonien können Heilung und Transformation auf vielen Ebenen bewirken. All dies spricht für eine zutiefst spirituelle Erfahrung, die Wachstum und Verständnis jenseits dessen fördert, was greifbar und sichtbar ist.

Die untere Sphäre ist also ein reichhaltiges und rätselhaftes Umfeld, das es den Schamanen ermöglicht, die Weisheit der Geisterwelt zu erforschen und sie zum Nutzen ihrer Gemeinschaften einzusetzen. Es wird angenommen, dass in diesen Tiefen uraltes Wissen liegt, das von Generationen von Vorfahren seit Jahrhunderten genutzt wird. Dies ermöglicht nicht nur ein tieferes Verständnis der Vergangenheit, sondern gibt auch Aufschluss über mögliche Wege in die Zukunft. Jede Reise, die ein Schamane in dieses Reich unternimmt, kann neue Perspektiven und Herausforderungen mit sich bringen und unermessliche Schätze bergen, die noch lange weitergegeben werden können.

Mittlere Welt

Die Mittlere Welt ist eine reiche und ausgedehnte Landschaft, die die physischen Elemente der Pflanzen und Tiere, das Wetter, die menschlichen Gemeinschaften und die feinstofflicheren Bereiche der spirituellen Energie enthält. Schamanen nutzen diese facettenreiche Welt für ihre Arbeit, während sie regelmäßig zwischen der Oberen und der Unteren Welt hin- und herreisen. Diese Mittlere Welt durchdringt das menschliche Leben zutiefst und wirkt sich auf unsere Fähigkeit zur Verbindung und auf die Umwelt aus. Ebenso formt sie unsere Denkweise und prägt unser physisches

Universum. Ein größeres Verständnis für diese tiefe Schicht der Realität kann positive Veränderungen im Leben bewirken.

Nach schamanischer Auffassung unterscheidet sich diese Welt von der Mainstream-Wissenschaft dadurch, dass sie nicht zwischen lebender und nicht lebender Materie oder belebten Wesen mit Bewusstsein wie uns und anderen Lebewesen ohne Bewusstsein unterscheidet. Sie trennt auch nicht zwischen Mensch und Natur. Die Mittlere Welt ist die physische Welt, die wir bewohnen, und noch viel mehr. So stehen beispielsweise Pflanzen, Tiere und Wettersysteme in Wechselwirkung miteinander und bilden ein komplexes Netz des Lebens. Der Mensch ist Teil dieses größeren Ökosystems und fügt dem Ganzen unsere menschliche Perspektive hinzu. Wenn wir uns umschauen, können wir Hinweise darauf finden, wie wir uns in diese Umgebung einfügen. Was wir in unseren Gärten oder auf unseren Handflächen sehen, spiegelt und beeinflusst die Verflechtung von allem in dieser Mittleren Welt.

Abgesehen davon ist die Mittlere Welt ein komplexes Reich physischer, mentaler und spiritueller Energien. Sie umfasst die natürlichen Kräfte von Tieren, Pflanzen, Wetter sowie von Menschen geschaffene Gemeinschaften und Kulturen. Hier wirken Schamanen ihre Magie, um andere oder sich selbst durch ihren Körper und Geist zu heilen, indem sie diese Energien direkt anzapfen. Nicht nur Schamanen, sondern auch moderne Energiemediziner glauben, dass die Mittlere Welt mächtige Kräfte birgt, die durch Heilpraktiken wie Reiki, Chakrenausgleich, Qigong, Akupunktur und andere nutzbar gemacht werden können. Diese Techniken zielen darauf ab, das Gleichgewicht und die Harmonie im Körper eines Menschen wiederherzustellen, um ihn zu heilen und negative oder blockierte Energie freizusetzen, damit er sich insgesamt wohlfühlt.

In der Mittleren Welt werden Verbindungen zu spirituellen Bereichen, wie der Oberen und Unteren Welt, hergestellt. Sie ist auch ein Ort der energetischen Überschneidung, an dem wir unseren

Weg zur Heilung finden können, indem wir mit ihren Bestandteilen interagieren: *Pflanzen, Tiere, Menschen und sogar Felsen oder Steine.* Wenn wir verstehen, wie wir mit den Energien dieser Mittleren Welt arbeiten können, kann uns das zu mehr Gesundheit und Glück in unserem Leben verhelfen. Die schamanische Praxis beinhaltet die Auseinandersetzung mit der Mittleren Welt sowohl auf physischer als auch auf nicht-physischer Ebene, sodass wir durch spirituelle Reisen und Visionssuchen Erkenntnisse gewinnen können. Die Navigation in diesem Bereich ist wesentlich, um sein Potenzial für Wachstum und Transformation zu erschließen.

Obere Welt

Es wird angenommen, dass die Obere Welt ein Ort spiritueller und göttlicher Bereiche ist, zu dem man durch Meditation und schamanische Praktiken Zugang erhält. Manche beschreiben sie als ein Reich über uns, jenseits der physischen Welt, während andere sie sich als eine Dimension oder eine alternative Realität vorstellen können. Unabhängig von ihrer Beschreibung ist die Obere Welt der Ort, an dem Menschen mit höheren Wesen in Verbindung treten können. Dieses Land bietet jedoch nicht nur eine ätherische Verbindung, um die Führung von Wesenheiten wie Lehrern oder Weisen zu suchen. Es wird auch angenommen, dass die Obere Welt Zugang zu Wissen bietet, das anderswo nicht zu finden ist. Außerdem enthält diese höhere Sphäre Portale, die das irdische Leben mit dem Schicksal in anderen Bereichen verbinden.

Ebenso ist die Obere Welt ein Land der Magie und des Geheimnisses, in dem Sie ein göttliches Pantheon von Göttern, Göttinnen und Ahnen treffen und mit ihnen sprechen können. Sie müssen durch Träume oder Meditation reisen, um in die Geisterwelt zu gelangen und verschiedene Ebenen der Existenz zu erkunden. Einige sind greifbarer als andere, aber alle werden von Wesen bewohnt, die als Lehrmeister dienen. Diese Wesen können Ihnen zeigen, wie Sie Ihren wahren Lebenssinn entdecken können, und

Ihnen helfen, Ihr Wissen über die geistige und die irdische Welt zu erweitern. Darüber hinaus können sie wesentliche Einsichten darüber vermitteln, wie sich die beiden Bereiche überschneiden und gegenseitig beeinflussen.

Wenn Sie Weisheit und Rat suchen, ist die Obere Welt der ideale Ort, um danach zu suchen. Dieses Reich besteht aus drei verschiedenen Komponenten: der Himmelswelt, die von himmlischen Wesen bevölkert wird, dem Land bzw. den Ländern darüber, in denen viele vergangene spirituelle Lehrer leben, und der Erde selbst. Interessanterweise ist dies nicht nur ein Ort der Führung, sondern auch eine Quelle kraftvoller Energie, die angezapft werden kann. Wenn Sie in diese höhere Sphäre reisen, können Sie verborgenes Wissen freilegen, uralte Geheimnisse entdecken und sich bei Ihrer Arbeit als Schamane unterstützen lassen.

Säule 4
Verbindung

Die vierte Säule des Schamanismus befasst sich mit der Verbindung zur geistigen Welt durch veränderte Bewusstseinszustände. Dazu gehören Träume, außerkörperliche Erfahrungen, Astralprojektion sowie Trommeln und Singen als Mittel, um diese Verbindung herzustellen. Auch das luzide Träumen wurde als zusätzliche Form des veränderten Zustands erforscht, um diese tiefere Verbindung zu erkunden. Darüber hinaus glauben viele Schamanen, dass Fasten und längere Zeiten der Stille weitere Möglichkeiten bieten, mit der Geisterwelt in Verbindung zu treten. Wenn Sie diese Techniken kultivieren, können Sie Ihre gemeinsame spirituelle Reise tiefer verstehen.

———————— **7** ————————

Träume

Haben Sie jemals über die Geheimnisse des Träumens nachgedacht? Was verbirgt sich hinter unserem bewussten Verstand, während wir schlafen? Haben Träume verborgene Bedeutungen oder sind sie einfach nur zufällige Gedanken? Diese und andere Fragen haben uns seit Anbeginn der Zeit beschäftigt. Hier sind einige Antworten auf die Fragen, die seit jeher gestellt wurden, mit ein paar zusätzlichen Überlegungen, um die Sache abzurunden.

Was sind Träume?

Träume bieten einen großartigen Einblick in unsere innersten Gedanken und Gefühle. Während die meisten Träume als unverständlich und bizarr erlebt werden, sind viele Träume lebendig und kraftvoll, entweder in Schwarz-Weiß oder in Farbe. Diese Bilder können Symbole enthalten, die unsere Ängste, Hoffnungen, Bestrebungen oder Wünsche darstellen. Wissenschaftler glauben, dass Träume uns helfen, schwierige Emotionen und Erfahrungen zu verarbeiten, indem sie den Informationen, die wir im Wachleben aufnehmen, einen Sinn geben. Darüber hinaus wird das Führen von Tagebüchern schon seit Jahrhunderten genutzt, um eine Momentaufnahme der inneren Landschaft des Träumers zu einem bestimmten Zeitpunkt festzuhalten, was wertvolle Einblicke in unser Unterbewusstsein ermöglicht.

Wenn wir träumen, kann dies in verschiedenen Farben und Formen geschehen, von Pastelltönen bis hin zu hochaufgelösten Technicolor-Szenen. Während der REM-Phase („*Rapid Eye Movement*", was auf Deutsch „rasche Augenbewegung" bedeutet) des Schlafs treten Träume auf, da unsere Gehirnaktivität derjenigen im Wachzustand ähnelt, allerdings mit gewissen Abweichungen. Außerdem ist diese Phase von grundlegender Bedeutung für das Gedächtnis und die Lernprozesse, weshalb ein optimaler, erholsamer Schlaf so wichtig ist. Darüber hinaus neigen Menschen dazu, in ein und derselben Nacht unterschiedliche Träume zu haben, die je nach Gemütsverfassung farbig oder schwarz-weiß sind. Alles in allem gibt es nicht die eine, endgültige Art zu träumen; jeder erlebt sie anders.

Während des REM-Schlafs verarbeitet und speichert Ihr Gehirn Informationen, die Sie während des Tages aufgenommen haben, und festigt Erinnerungen. Wenn Sie diese Phase des Schlafzyklus nicht ausreichend erleben, können Sie sich nur schwer an Dinge erinnern. Es wird angenommen, dass das Träumen dazu beiträgt, emotionale Erfahrungen zu verarbeiten und zu regulieren, sodass Gefühle und Erinnerungen in sinnvolle Kategorien eingeordnet werden können. Dies könnte erklären, warum es sich manchmal so anfühlt, als könnten wir die Details eines Traums nie ganz erfassen, wenn wir versuchen, sie nach dem Aufwachen zu erzählen. REM-Phasen treten während der Nacht in Schüben auf, wobei die lebhaftesten Träume gegen Morgen stattfinden.

Jeder Mensch kann also träumen, aber nur einige können sich an ihre Träume erinnern. Während sich manche Menschen lebhaft an ihre nächtlichen Visionen erinnern können, haben andere vielleicht überhaupt keine Erinnerung daran. Persönliche Erfahrungen prägen die Träume, sodass sich die Erinnerungen unterscheiden, selbst wenn zwei Menschen denselben Traum haben. Die Erforschung dieser Traumlandschaften kann uns daher ein besseres Verständnis von uns selbst und unserer Interaktion mit der Welt vermitteln.

Außerkörperliche Erfahrung

Eine außerkörperliche Erfahrung (AKE) ist ein Phänomen, bei dem eine Person das Gefühl hat, ihren physischen Körper verlassen zu haben und die Welt aus einem externen Blickwinkel zu betrachten. Während einer AKE können Personen ihren Körper aus der Perspektive einer dritten Person sehen, das Gefühl haben zu fliegen oder sogar in andere Bereiche jenseits der physischen Welt reisen. Das subjektive Erleben einer AKE kann sich von Person zu Person unterscheiden. Manche berichten von Gefühlen der Schwerelosigkeit oder des Kribbelns, andere erleben intensive Emotionen oder ein Gefühl der Erleuchtung.

Eine Theorie besagt, dass AKEs durch eine Fehlfunktion des Gehirns, insbesondere des Scheitellappens, verursacht werden. Der Scheitellappen ist für die Integration von Sinnesdaten und die Entwicklung der Selbstwahrnehmung zuständig. Während einer AKE kommt es zu einer Fehlfunktion des Scheitellappens, wodurch die Illusion entsteht, den Körper zu verlassen. Studien, in denen Veränderungen der Gehirnaktivität während einer AKE festgestellt wurden, stützen diese Annahme. Eine andere Theorie besagt, dass es sich bei AKEs um außersinnliche Wahrnehmungen handelt, die es den Menschen ermöglichen, über die physische Welt hinaus zu sehen. Diese Theorie besagt, dass AKEs die natürliche Fähigkeit des Menschen sind, die Welt jenseits seines physischen Körpers wahrzunehmen. Einige Befürworter dieser Theorie glauben, dass AKEs dadurch entstehen, dass die Seele oder der Geist den physischen Körper verlässt und in andere Existenzebenen reist.

AKEs können zwar transformative Erfahrungen sein, aber sie können für manche Menschen auch beunruhigend oder gefährlich sein. Wenn Sie versuchen, eine AKE herbeizuführen, sollten Sie vorsichtig sein und den richtigen Rat einholen. Es ist wichtig, die Bedenken mit einer medizinischen Fachkraft zu besprechen, da einige Krankheiten oder Medikamente die Wahrscheinlichkeit einer AKE erhöhen können. Außerdem kann eine AKE durch verschiedene Methoden ausgelöst werden, z. B. durch Meditation, Schlafentzug, Hypnose und bestimmte Drogen wie Ketamin oder DMT. Diese Methoden werden häufig von Personen eingesetzt, die eine AKE absichtlich herbeiführen wollen. Es ist jedoch zu beachten, dass die absichtliche Herbeiführung einer AKE riskant sein kann und nur von erfahrenen Praktikern versucht werden sollte.

Die subjektive Erfahrung einer AKE kann von Person zu Person unterschiedlich sein. Manche Menschen berichten von Gefühlen der Schwerelosigkeit oder des Kribbelns, während andere intensive Emotionen oder ein Gefühl der Erleuchtung erleben. Viele Menschen beschreiben ihre AKE als eine spirituelle oder mystische Erfahrung; einige berichten sogar von einer Kommunikation mit geistigen Wesen oder Führern. In der Tat werden AKEs oft mit spirituellen oder metaphysischen Praktiken wie Schamanismus oder New-Age-Glauben in Verbindung gebracht. So berichten manche Menschen mit AKEs von einem neu entdeckten Sinn für Spiritualität oder einer Veränderung ihrer Weltanschauung. Andere fühlen sich durch ihre Erfahrung verunsichert oder verwirrt, insbesondere wenn sie einen Rahmen brauchen, um sie zu verstehen.

Hellseherische Fähigkeiten

Im Laufe der Geschichte waren hellseherische Fähigkeiten die Quelle vieler Geheimnisse und Debatten. Während die einen glauben, sie seien das Ergebnis eines spirituellen oder übernatürlichen Einflusses, argumentieren andere, dass es sich einfach um eine Erweiterung der normalen Sinne handelt. Hellsichtigkeit kann sich auch auf verschiedene Weise manifestieren, z. B. durch das Sehen von Bildern vor dem geistigen Auge oder durch starke Gefühle bei bestimmten Themen. Menschen mit dieser Gabe können potenzielle Gefahren erkennen, bevor sie eintreten, oder den Aufenthaltsort von vermissten Personen ausfindig machen. Manche Menschen behaupten sogar, dass sie durch Träume oder Visionen Botschaften aus der Geisterwelt erhalten. Obwohl nicht jeder an diese Form der Wahrnehmung glaubt, finden viele sie dennoch faszinierend.

Viele Hellseher behaupten, dass ihre Erlebnisse unkontrollierbar sind und dass sie wenig oder keine Kontrolle darüber haben, wann oder wie sie geschehen. Sie könnten unerwartete Erleuchtungen erleben oder Botschaften in ihren Träumen erhalten. Andere erleben körperliche Empfindungen wie ein starkes Frösteln oder Kribbeln in den Gliedern. Einige Hellsichtige haben sogar berichtet, dass sie Stimmen hören oder Bilder sehen, die von irgendwo anders zu kommen scheinen.

Es gibt kein Patentrezept für die Verbesserung der hellseherischen Fähigkeiten, denn die Entwicklung dieser Fähigkeiten ist eine persönliche Erfahrung. Während manche Menschen eine natürliche Neigung zum Hellsehen haben, müssen andere sich vielleicht mehr anstrengen, um ihre Fähigkeiten im Laufe der Zeit zu verbessern. Die Entwicklung hellseherischer Talente kann durch Methoden wie Energiearbeit, Visualisierung und Meditation gefördert werden. Es ist auch hilfreich, mit anderen Spiritualisten oder Hellsehern Kontakt aufzunehmen, um Rat und Unterstützung zu erhalten.

Außerdem ist es wichtig zu wissen, dass hellseherische Fähigkeiten zwar oft mit Wahrsagern oder Medien in Verbindung gebracht werden, aber nicht auf diese Berufe beschränkt sind. Viele Menschen besitzen hellseherische Fähigkeiten, ohne es zu wissen, und sie können Einblicke in das Unsichtbare erhalten, ohne sich dessen bewusst zu sein. Außerdem nutzen manche Hellseher ihre

Fähigkeiten nicht für Hellsehen oder andere Formen der Wahrsagerei, sondern um ihre spirituelle Reise zu bereichern oder um mit verstorbenen Angehörigen in Kontakt zu treten.

Eine häufige Anwendung von hellseherischen Fähigkeiten ist tatsächlich die Kommunikation mit verstorbenen Angehörigen. Viele Menschen, die einen nahestehenden Menschen verloren haben, berichten, dass sie ein Gefühl der ständigen Verbundenheit verspüren und Visionen oder andere Sinneseindrücke erleben, die sie als Zeichen ihrer Angehörigen interpretieren. Es gibt zwar keine wissenschaftlichen Beweise für ein Leben nach dem Tod oder die Fähigkeit, mit den Toten zu kommunizieren, aber viele Menschen finden Trost in diesen Erfahrungen, die ihnen ein Gefühl der Kontinuität und Verbundenheit auch nach dem Tod vermitteln können.

Hellseherische Fähigkeiten sind ein faszinierender und oft missverstandener Aspekt der menschlichen Erfahrung. Es gibt zwar keinen „richtigen" Weg, Hellsichtigkeit zu erfahren, aber viele Menschen berichten, dass sie Dinge jenseits der physischen Welt sehen, was ihnen großen Trost und Einblick verschaffen kann. Ob durch Meditation, Energiearbeit oder einfach durch Offenheit für die Möglichkeiten, jeder kann seine hellseherischen Fähigkeiten entwickeln und ein tieferes Verständnis für die Welt um sich herum gewinnen.

Energetische Schwingungen

Energetische Schwingungen beziehen sich auf die Energiebewegung in uns und um uns herum. Diese Energie macht unseren körperlichen und emotionalen Zustand aus und kann durch äußere Faktoren wie Klang, Licht und die Energie anderer beeinflusst werden. Viele Menschen glauben, dass unsere energetischen Schwingungen auch unsere Wahrnehmung der Realität beeinflussen können, einschließlich unserer Erfahrungen bei außerkörperlichen Erlebnissen.

Der Schwingungszustand, der oft mit AKEs in Verbindung gebracht wird, kann als ein Summen oder Brummen im ganzen Körper beschrieben werden. Es kann sich wie ein intensiver Energiestoß anfühlen, der durch den Körper fließt und ein Kribbeln oder sogar Ganzkörpervibrationen verursacht. Dieser Zustand kann extrem und überwältigend sein, ist aber oft ein Zeichen dafür, dass die Person kurz davor ist, in einen veränderten Bewusstseinszustand einzutreten.

Wie bereits erwähnt, kann die Erfahrung des Schwingungszustandes während einer AKE bei jedem Menschen anders sein. Manche Menschen sehen sich aus der Perspektive einer dritten Person, während andere das Gefühl haben, zu schweben oder durch den Kopf oder den Brustbereich herausgezogen zu werden. Auch die energetische Schwingung einer Person kann diese Erfahrungen beeinflussen. Verschiedene Dinge wie unsere Gedanken, Emotionen und unser körperlicher Zustand können die energetische Schwingung unseres Körpers beeinflussen. Wenn wir uns schlecht oder negativ fühlen, ist unsere energetische Schwingung niedriger, was sich auf unsere Selbstwahrnehmung während einer AKE auswirken kann. Fühlen wir uns hingegen positiv und zuversichtlich, ist unsere energetische Schwingung höher, sodass wir uns selbst als stärker und sicherer wahrnehmen.

In vielen spirituellen und metaphysischen Praktiken ist die energetische Schwingung entscheidend für spirituelles Wachstum und die Verbindung mit höheren Bewusstseinszuständen. Indem wir unsere energetische Schwingung durch Techniken wie Meditation, Visualisierung und Energieheilung erhöhen, können wir höhere Bewusstseinszustände erreichen und das volle Potenzial unseres spirituellen Selbst freisetzen. Auch bei außerkörperlichen Erfahrungen spielt die energetische Schwingung eine wichtige

Rolle. Während der Schwingungszustand während einer AKE intensiv und überwältigend sein kann, kann er auch ein mächtiges Werkzeug sein, um verschiedene Bewusstseinszustände zu erforschen und uns mit unserem spirituellen Selbst zu verbinden. Wenn wir verstehen, wie unsere energetische Schwingung unsere Wahrnehmung der Realität beeinflusst, können wir darauf hinarbeiten, unsere Schwingung zu erhöhen und das volle Potenzial unseres spirituellen Selbst zu erschließen.

Astralprojektion

Astralprojektion, auch bekannt als „Astralreise", ist ein Phänomen, bei dem eine Person das Gefühl hat, ihren physischen Körper verlassen zu haben und die Welt um sie herum aus einer Außenperspektive erkunden zu können. Sie wird häufig als ein Gefühl des Bewusstseins außerhalb des Körpers beschrieben.

Das Konzept der Astralprojektion mag zwar weit hergeholt erscheinen, aber viele spirituelle Traditionen wie der Buddhismus und der Taoismus haben die Möglichkeiten der Astralprojektion seit Tausenden von Jahren erforscht. In der hinduistischen Tradition gibt es zum Beispiel das Konzept des „subtilen Körpers", der verschiedene Energie- oder Bewusstseinsschichten umfasst, die über den physischen Körper hinausgehen. In ähnlicher Weise lehrt die Theosophie die Existenz eines „Astralkörpers", der bei der Astralprojektion vom physischen Körper getrennt werden kann.

Neben Buddhismus und Taoismus haben auch viele andere spirituelle Traditionen die Möglichkeiten der Astralprojektion erforscht, darunter Sufismus, Kabbala und Hermetik. In einigen Fällen wird die Astralprojektion als Mittel für spirituelles Wachstum und Erleuchtung angesehen. In anderen wiederum wird sie als Mittel zum Zugang zu verborgenem Wissen oder zur Kommunikation mit geistigen Wesen betrachtet. Heutzutage nutzen viele Menschen die Astralprojektion für persönliches Wachstum, spirituelle Erkundung, Entspannung und Stressabbau.

Eine Technik zum Erreichen der Astralprojektion ist die Tiefenentspannung. Viele Menschen nutzen Übungen wie die progressive Entspannung oder einen Body-Scan, bei dem man sich auf jeden Teil des Körpers konzentriert, von den Zehen bis zum Kopf, und jegliche Anspannung loslässt. Sobald der Körper tief entspannt ist, kann sich die Person auf ihr Bewusstsein und ihren geistigen Zustand konzentrieren. Visualisierung ist eine weitere Technik, die häufig für Astralprojektionen verwendet wird. Eine beliebte Methode besteht darin, sich vorzustellen, dass man über ein Seil oder eine Leiter aus dem Körper klettert oder wie ein Ballon nach oben schwebt. Eine andere Technik besteht darin, sich einen Lieblingsort oder eine alternative Realität vorzustellen. Je lebhafter die Visualisierung ist, desto größer ist die Chance, eine Astralprojektion auszulösen.

Während einer Astralprojektion haben Menschen das Gefühl, zu fliegen oder zu schweben. Sie können auch mit ihrer Umgebung interagieren, einschließlich der physischen Welt oder den Ebenen der Existenz. Manche Menschen sehen verstorbene geliebte Menschen, Geistführer oder andere Wesenheiten, die in der Astralwelt anwesend sein können. Diese Interaktionen können viele Formen annehmen, wie z. B. Gespräche, das Empfangen von Führung oder Botschaften oder sogar das Empfangen von Heilenergie.

Diese Erfahrungen sind jedoch subjektiv und können von Person zu Person sehr unterschiedlich sein. Während manche Menschen während der Astralprojektion lebhafte und lebensverändernde Erfahrungen machen, haben andere vielleicht überhaupt keine. Außerdem ist die Astralprojektion, wie jeder andere veränderte Bewusstseinszustand, nicht ohne Risiken. So berichten viele Menschen, dass sie sich nach der Erfahrung desorientiert oder erschöpft fühlen. Andere wiederum berichten von Begegnungen mit negativen Wesenheiten oder Geistern. Daher ist es wichtig, vor dem Versuch einer Astralprojektion die notwendigen Vorsichtsmaßnahmen zu treffen, wie z. B. sich vor und nach der Übung zu erden und sich mit geistigen oder energetischen Schilden zu schützen.

Visionen von geliebten Verstorbenen

Viele Menschen suchen nach dem Tod eines geliebten Menschen nach Trost und einem Abschluss, und einige wenden sich schamanischen Praktiken zu, um mit ihren Angehörigen über das Grab hinaus in Verbindung zu treten. Im Schamanismus wird angenommen, dass Visionen von verstorbenen Angehörigen den Lebenden Führung und Heilung bieten können. Auch gelten Visionen von verstorbenen Angehörigen traditionell als eine Möglichkeit, mit der spirituellen Welt in Verbindung zu treten.

Die Erfahrung, verstorbene geliebte Menschen zu sehen, kann eine kraftvolle Möglichkeit sein, sich wieder mit ihnen zu verbinden und ihre Gegenwart zu spüren. Solche Begegnungen können die Kluft zwischen der materiellen und der spirituellen Welt überbrücken und tiefe Einsichten in das Leben und seinen Sinn vermitteln. Man geht davon aus, dass diese Visionen keine zufälligen Ereignisse sind, sondern absichtliche Botschaften aus der Geisterwelt, in der sich geliebte Menschen unseres Lebens, unserer Absichten und unserer Kämpfe bewusst sind. Sie bieten uns Führung, Trost oder sogar Warnungen, um uns auf unserem Weg zu helfen. Ebenso können sie Einblicke in unsere vergangenen Entscheidungen oder aktuellen Situationen geben.

Schamanen interpretieren diese Botschaften und geben Ratschläge, wie sie in das Leben des Einzelnen integriert werden können. Obwohl Visionen von verstorbenen geliebten Menschen wissenschaftlich nicht bewiesen sind, bieten sie denjenigen, die einen geliebten Menschen verloren haben, Trost und Erleichterung. Selbst nach dem Tod kann die Erfahrung ein Gefühl der Kontinuität und Verbundenheit vermitteln. Für manche kann sie ein Mittel zum Trost und zur Lösung sein. Für andere kann es eine Möglichkeit sein, die Beziehung zu einem geliebten Menschen, der davongegangen ist, fortzusetzen.

Allerdings sind nicht alle Visionen von unseren verstorbenen Angehörigen vertrauenswürdig oder nützlich. Einige können aus intensiver Trauer, Angst oder anderen psychischen Problemen entstehen, während andere von gesellschaftlichen Normen oder Mediendarstellungen beeinflusst sein können. Gehen Sie daher mit Urteilsvermögen und Klarheit an diese Situationen heran. Es scheint also, dass diese Visionen unabhängig von Kultur und Religion Trost in einer schwierigen Situation spenden können.

Jeder Mensch macht unterschiedliche Erfahrungen in Bezug auf Intensität, Häufigkeit und Dauer. Auch wenn nicht alle Visionen echt oder nützlich sind, ist es notwendig, diesen Erfahrungen mit einem offenen Geist und Unterscheidungsvermögen zu begegnen.

Luzide Träume

Schamanische Reisen und luzides Träumen sind eng miteinander verbunden. Tatsächlich glauben viele Schamanen, dass die Erfahrung des luziden Träumens eine Form des direkten Zugangs zur geistigen Welt ist. Während eines luziden Traums ist es möglich, Fragen zu stellen, Antworten von Geistführern zu erhalten und unbekannte Bereiche des Wissens und der Intuition zu erforschen. Darüber hinaus können luzide Träumer ihre Träume auch dazu nutzen, ihre körperliche Gesundheit zu verbessern oder sich persönlichen Ängsten zu stellen. All diese Aspekte zeigen, wie schamanische Erfahrungen durch den Einsatz des luziden Träumens verbessert werden können.

Außerdem ist das luzide Träumen eine unglaubliche Fähigkeit, die es Ihnen ermöglicht, eine Welt der unbegrenzten Möglichkeiten zu erkunden. Mit luziden Träumen können Sie zu fernen Galaxien fliegen und Empfindungen erleben, die in der physischen Welt nicht existieren. Darüber hinaus haben einige Menschen luzide Träume als wirksames Mittel eingesetzt, um Einblicke in ihr Unterbewusstsein zu erhalten, z. B. um schwierige Probleme zu lösen oder durch virtuelles Üben in einer Sache besser zu werden. Darüber hinaus deuten Forschungsergebnisse darauf hin, dass luzide Träume aufgrund des Gefühls der Ermächtigung, das sie erzeugen, zu einem besseren psychischen Wohlbefinden beitragen.

Ebenso bietet das luzide Träumen einzigartige Möglichkeiten zur Erforschung und emotionalen Heilung. Diese Aktivität ermöglicht es uns, unsere Gefühle und Gedanken sicher zu verarbeiten, ohne zu schädlichen Verhaltensweisen wie Drogenmissbrauch oder Selbstverletzungen zu greifen. Mit Geduld und Hingabe können wir in das geheimnisvolle Reich der luziden Träume eintauchen und neue Möglichkeiten der Selbsterforschung und des persönlichen Wachstums entdecken. Tatsächlich hat das luzide Träumen zu verschiedenen Erfahrungen geführt, z. B. zur Überwindung von Albträumen oder zur Steigerung der Kreativität. Allerdings birgt das luzide Träumen auch gewisse Risiken, wie Schlafentzug und Schlaflähmung.

Das luzide Träumen kann durch verschiedene Methoden herbeigeführt werden, z. B. durch Realitätsprüfungen, die mnemotechnische Induktion luzider Träume (MILD) und das wach-induzierte luzide Träumen (WILD), sodass dem Einzelnen eine Reihe von Optionen zur Verfügung stehen. Bei der mnemotechnischen Induktion luzider Träume (MILD) geht es darum, sich beim Einschlafen daran zu erinnern, dass man träumt. Dies geschieht in der Regel durch das Wiederholen eines Satzes wie „Ich werde erkennen, dass ich träume", bis zum Einschlafen. Der Gedanke dahinter ist, dass sich dieser Satz schließlich so sehr in

Ihrem Unterbewusstsein verankert, dass er sich auf Ihren Traum überträgt und es Ihnen ermöglicht, luzide zu werden. Obwohl die meisten Menschen an luzide Träume im Schlaf denken, ist es auch möglich, im Wachzustand einen luziden Traum zu haben. Diese Art von Erfahrung ist der wach-induzierte luzide Traum (WILD). Dabei wird das Bewusstsein aufrechterhalten, während der Körper einschläft, sodass Sie in einen Traumzustand eintreten können, ohne das Bewusstsein zu verlieren. Diese Methode kann beispielsweise angewendet werden, indem man still liegt und sich auf einen einzigen Gedanken konzentriert, z. B. ein wirbelndes Muster, bis man schließlich im Traum luzide wird.

Daneben kann Meditation ein effektiver Weg sein, Ihre Fähigkeit zum luziden Träumen und Ihr allgemeines Wohlbefinden zu verbessern. Sie hilft, sich zu konzentrieren, zu entspannen und achtsam im gegenwärtigen Moment zu sein. Diese Achtsamkeit ermöglicht es Ihnen, sich Ihrer Gedanken und Gefühle in der Nacht bewusst zu werden und sie effizienter zu verarbeiten, sodass die aufdringlichen Sorgen, die Sie nachts wach halten wollen, seltener werden. Darüber hinaus reduziert die Meditation den Stresspegel, der bekanntermaßen Schlaflosigkeit verursacht. Folglich kann sie Menschen, die mit solchen Schlafproblemen zu kämpfen haben, helfen, da sie einen tieferen und erholsameren Schlaf erleben.

Beim luziden Träumen können Sie Ihre Traumumgebung kontrollieren und nach Ihrem Willen formen. Ob Sie eine Stadt erkunden, in der sich Tiere unterhalten, oder sich mit einem außerirdischen Begleiter auf eine interstellare Reise begeben – Ihr Geist kann jedes erdenkliche Abenteuer erschaffen. Klarträume können aber nicht nur wundervoll, sondern auch furchterregend sein, wenn Sie sich Monstern gegenübersehen oder in surrealen Traumlandschaften wiederfinden. Seit Tausenden von Jahren nutzen verschiedene Kulturen die Kraft des luziden Träumens, um verborgene Erkenntnisse über ihr persönliches Leben und ihr Verständnis des Universums zu gewinnen.

Insgesamt können Sie beim luziden Träumen Ihre Vorstellungskraft auf eine Weise erkunden, die in der realen Welt unmöglich wäre. Sie können nicht nur auf ferne Planeten reisen und neue und aufregende Orte erkunden, sondern auch Figuren aus Ihren Träumen treffen, die zu Freunden oder Gefährten werden können. Darüber hinaus hat das luzide Träumen auch praktische Anwendungen. So kann es zum Beispiel helfen, Stress abzubauen und sich zu entspannen, was es zu einem hilfreichen Instrument für diejenigen macht, die ihre psychische Gesundheit in den Griff bekommen wollen. Außerdem ist das luzide Träumen erstaunlich einfach und für jeden zugänglich, der damit beginnen möchte. Das macht es zu einer attraktiven Option für Schamanen, die persönliches Wachstum oder spirituelle Einblicke suchen.

8

Trance

Trance ist ein veränderter Bewusstseinszustand, der durch erhöhte Aufmerksamkeit und Empfänglichkeit für spirituelle Kommunikation gekennzeichnet ist. Er kann durch Meditation, Hypnose, Yoga, Gebet, Tanzen, Singen oder rhythmische Musik hervorgerufen werden. Dieser Bewusstseinszustand bietet auch eine tiefere Einsicht in sich selbst und einen potenziellen Zugang zu höherer Weisheit. In tranceähnlichen Formen, die oft als Astralprojektion bezeichnet werden, kann man die Bereiche der Weissagung und der Intuition durchqueren, um den eigenen Lebensweg und die eigene Bestimmung besser zu verstehen.

Veränderter Zustand des Bewusstseins

Eine subjektive Erfahrung, die sich vom Alltagsbewusstsein unterscheidet, wird als veränderter Bewusstseinszustand (VBZ) bezeichnet. Es kann sich dabei um ein erhöhtes Bewusstsein und die Konzentration auf innere und äußere Erfahrungen handeln. Verschiedene Techniken können VBZs hervorrufen, z. B. Meditation, Hypnose oder sensorische Deprivation (z. B. frei in Wasser schwebend). Auch bestimmte Drogen oder Psychedelika können das Bewusstsein verändern, wobei die Auswirkungen je nach Substanz und Dosis stark variieren. Das Verständnis der mit VBZs verbundenen Gehirnwellenmuster könnte auch mehr Aufschluss über sie geben.

Darüber hinaus können veränderte Bewusstseinszustände Veränderungen in der Wahrnehmung und den Gefühlen einer Person sowie ein Gefühl der zeitlichen Verzerrung beinhalten. In einem VBZ kann der Einzelne die Realität anders erleben, was ihm neue Erkenntnisse über seine Umgebung bringen und seine Kreativität fördern kann. Jüngste Studien deuten außerdem darauf hin, dass VBZs therapeutisch bei Depressionen oder Sucht eingesetzt werden können.

Um zu verstehen, was in unserem Gehirn während eines VBZs passiert, muss man die alltäglichen wissenschaftlichen Prozesse unseres neuronalen Netzes verstehen. Unser Gehirn ist auf Elektrizität angewiesen, um Nachrichten zwischen Neuronen zu übermitteln und Muskeln zu aktivieren, was durch chemische Stoffe, die Neurotransmitter, ermöglicht wird. Bei diesen Neurotransmittern handelt es sich um kleine Moleküle, die von den Neuronen produziert werden, als Botenstoffe fungieren und über die Synapsen wandern, um die Lücken zwischen benachbarten Zellen zu schließen. Wenn sich diese Neurotransmitter an Rezeptoren auf der empfangenden Zelle binden, lösen sie elektrische Signale in der/den verbundenen Nervenzelle(n) aus. Je nach Art des Rezeptors, an den der Botenstoff bindet, kann er die Aktivität in den Membranen beider Zellen aktivieren oder hemmen, sodass sie durch die Nervennetze in unserem Körper wandern können. Während eines veränderten Bewusstseinszustands können aufgrund von Veränderungen in diesem Prozess verschiedene Reaktionen im Gehirn auftreten, wie z. B. erhöhte Spiegel bestimmter Neurotransmitter, die die Stimulation der Rezeptoren beeinflussen.

Es wird angenommen, dass Menschen, die sich in einem veränderten Bewusstseinszustand befinden, ein tieferes Verständnis von sich selbst und ihrer Umwelt haben und dadurch Einblicke in einige der schwierigsten Fragen des Lebens gewinnen können.

Wenn der Geist in einen Zustand erhöhten Bewusstseins eintritt, können wir auf einer tieferen Ebene mit dem Unterbewusstsein in Verbindung treten und auf diese Weise neue Perspektiven und Kreativität freisetzen. So haben zum Beispiel viele berühmte Künstler Techniken zur Beeinflussung ihres Bewusstseins eingesetzt, um einige ihrer bekanntesten Werke zu schaffen. Von den farbenfrohen Gemälden Vincent van Goghs bis zu den psychedelischen Klängen der Beatles – veränderte Bewusstseinszustände haben im Laufe der Geschichte eine wichtige Rolle im kreativen Prozess vieler Künstler gespielt. Ebenso wurde ein verändertes Bewusstsein auch mit Selbstreflexion und einem besseren Selbstverständnis in Verbindung gebracht. Indem wir uns mit unseren Gedanken und Gefühlen auseinandersetzen, können wir uns mit tiefliegenden persönlichen Problemen auseinandersetzen, was zu mehr Selbsterkenntnis und persönlichem Wachstum führt.

Viele Menschen erleben veränderte Bewusstseinszustände, ohne sich dessen bewusst zu sein. Das kann passieren, wenn wir so in einen Film oder ein Buch vertieft sind, dass wir vergessen, wo wir sind, oder während der Meditation, wenn unsere Gedanken abschweifen. Oder haben Sie schon einmal Momente der Klarheit erlebt, in denen sich die Zeit verlangsamt und Sie sich mit der Welt verbunden fühlen? Viele Menschen erleben diese Art von verändertem Zustand. Zu den Anzeichen eines veränderten Bewusstseins gehören lebhafte Bilder, gesteigerte Emotionalität, Abwesenheit von Angst und sogar das Gefühl, Teil von etwas Größerem zu sein als man selbst. Das Verständnis der Anzeichen und Symptome, die mit diesen veränderten Zuständen verbunden sind, ermöglicht es uns, Einsicht in unsere Erfahrungen und die der Menschen um uns herum zu gewinnen. Diese Details werden in diesem Buch ausführlich beschrieben und bieten unschätzbare Einblicke in neue Bereiche der Selbstwahrnehmung.

Trommeln

Das Trommeln ist seit Jahrhunderten ein wichtiger Bestandteil religiöser Zeremonien und dient je nach Tradition unterschiedlichen Zwecken. In schamanischen Ritualen werden Trommeln oft zur Heilung, Wahrsagung und Kommunikation mit der Geisterwelt eingesetzt. Die Verwendung von Trommeln kann je nach Kultur sehr unterschiedlich sein, wobei verschiedene Schläge und Rhythmen verwendet werden, um bestimmte Emotionen hervorzurufen oder bestimmte Ideen zu symbolisieren.

In einigen Religionen wird das Trommeln als Verbindung zum Göttlichen und zu unserem Inneren Selbst angesehen, wobei der Trommelschlag den Herzschlag darstellt, der uns alle verbindet. Bestimmte Klänge oder Schwingungen, die die Trommel erzeugt, können in bestimmten religiösen Zeremonien auch eine besondere Symbolik haben, etwa bei der Beschwörung von Ahnen oder Gottheiten.

Schamanen verwenden Trommeln in Zeremonien, um mit Geistern und Ahnen zu kommunizieren, die nicht anwesend sind. Während schamanischer Zeremonien können Trommler bestimmte Geister anrufen, um bei der Heilung oder dem Schutz vor schädlichen Geistern zu helfen.

Der Klang der Trommel wird in vielen Kulturen weltweit seit Tausenden von Jahren verwendet, oft als Mittel zur spirituellen Heilung und zur Verbindung mit dem Göttlichen. Es wird angenommen, dass das Trommeln eine Öffnung des Unterbewusstseins bewirkt, die es den Trommelnden ermöglicht, in veränderte Bewusstseinszustände zu gelangen und Einblick in ihre innersten Gedanken und Gefühle zu gewinnen. Bei den amerikanischen Ureinwohnern wurden Trommeln traditionell in zeremoniellen Ritualen eingesetzt, um mächtige Geister um spirituelle Führung zu bitten. In der heutigen Zeit werden Trommelkreise oft als eine Möglichkeit gesehen, sich mit der Natur zu verbinden, positive Energie zu sammeln und das emotionale Wohlbefinden zu fördern. Darüber hinaus dient therapeutisches Trommeln der Entspannung und der Linderung von körperlichen Schmerzen, psychischen Erkrankungen und emotionalen Traumata.

Neben den Trommeln werden bei schamanischen Zeremonien häufig auch andere Schlaginstrumente wie Rasseln, Schellen und Glocken verwendet. Diese Instrumente fügen dem Trommelklang Textur und Tiefe hinzu und schaffen eine besondere Klanglandschaft, durch die der Schamane und die Teilnehmer navigieren können.

Insgesamt ist der Klang der Trommel ein wichtiger Bestandteil schamanischer Zeremonien, und es wird angenommen, dass er eine starke Wirkung auf die Psyche und den Geist hat. Der gleichmäßige, rhythmische Schlag der Trommel kann ein mächtiges Werkzeug sein, um einen veränderten Bewusstseinszustand herbeizuführen, sich mit der spirituellen Welt zu verbinden und Zugang zu verborgenem Wissen und Weisheit zu erhalten.

Rasseln

Rasseln sind seit Jahrtausenden ein Teil der Menschheit. So ergaben archäologische Funde, dass diese Gegenstände bereits 3000 v. Chr. bei zeremoniellen Handlungen verwendet wurden. Sie wurden in der Regel aus Tierhäuten hergestellt, die über Holz- oder Kürbisschalen gespannt wurden, mit kleinen Samen, die beim Schütteln Töne erzeugen. Ursprünglich wurden Rasseln zum Musizieren verwendet, doch wurden ihnen auch übernatürliche Kräfte zugeschrieben. Ebenso glaubte man, dass sie böse Geister verjagen und positive Energie anziehen würden.

In schamanistischen Traditionen wurden Rasseln verwendet, um Trancezustände herbeizuführen und bei Ritualen Geister herbeizurufen. Die von diesem Instrument erzeugten Schwingungen ebnen den Weg für einen veränderten Bewusstseinszustand, der es Menschen und Geistern ermöglicht, die Kluft zwischen ihnen zu überbrücken. Abgesehen von ihren musikalischen und spirituellen Zwecken wurden Rasseln auch für andere Aktivitäten verwendet. So banden Schamanen Rasseln häufig in ihre Heilpraktiken ein; einige wurden ausdrücklich zu diesem Zweck entworfen. Eine Rassel, die Kräuter enthielt, wurde vom Schamanen über dem Körper einer Person geschüttelt und so wurden die Kräuter und ihre heilenden Eigenschaften auf der Haut verteilt. Man glaubte, dass das Schütteln dieser Rasseln böse Geister vertreiben konnte, die im Leben oder im Körper einer Person Krankheiten verursachten, sodass diese wieder gesund wurde.

Darüber hinaus wurden Rasseln verwendet, um mit der Geisterwelt in Verbindung zu treten und den Menschen zu helfen, Visionen zu erforschen und Wissen über ihre Vorfahren zu erlangen. Der erzeugte Klang kann meditativ sein und den Beteiligten helfen, sich ohne Ablenkung durch äußere Geräusche auf ihre Meditation zu konzentrieren. Darüber hinaus werden Rasseln häufig in verschiedenen religiösen Zeremonien verwendet, etwa bei Reinigungs- und Segnungsritualen. In einigen Kulturen gelten Rasseln als Glücks- oder Schutzbringer, wenn sie über Türöffnungen gehängt oder unter Betten gelegt werden.

Die Herstellung von Rasseln ist ein traditionelles Handwerk auf der ganzen Welt, und das Verfahren kann sehr unterschiedlich sein. Bei den amerikanischen Ureinwohnern wurden Rasseln oft mit zusätzlichen Federn hergestellt, um die Verbindung zwischen Geistern und Menschen zu symbolisieren. Außerdem ist Lateinamerika für seine besonders laut klingenden Rasseln bekannt. Anderswo, bei den Sami in Nordeuropa, werden Rasseln aus Rentierhufen hergestellt. In der chinesischen Kultur hingegen werden Glocken als eine Art Rassel verwendet, um böse Geister abzuwehren.

Um eine Rassel herzustellen, gehen Sie wie folgt vor:

1. Schneiden Sie aus Leder oder Tierhaut zwei kreisförmige Stücke. Die Größe und Form des Kreises kann je nach Vorliebe variieren, jedoch sollten die beiden Stücke identisch sein.
2. Legen Sie die beiden Lederstücke so zusammen, dass die glatten Seiten nach innen zeigen.
3. Nähen Sie mit Nadel und Faden um den äußeren Rand des Kreises herum und lassen Sie dabei eine kleine Öffnung zum Einfüllen der Füllung.
4. Füllen Sie dann kleine Steine, Bohnen oder Samen in die durch das Leder entstandene Tasche ein.
5. Nähen Sie nach dem Befüllen an der Außenkante des Kreises weiter, bis er vollständig geschlossen ist.
6. Schneiden Sie ein kleines Stück Leder oder Schnur ab und nähen Sie es an der Oberseite des Kreises fest, um einen Henkel zu erhalten.
7. OPTIONAL: Verzieren Sie Ihre Rassel und befestigen Sie Perlen, Federn oder andere dekorative Gegenstände mit Kleber, Faden oder Draht.

Nach diesen Schritten haben Sie Ihre einzigartige Rassel, die Sie bei spirituellen Praktiken oder einfach zum Musikmachen verwenden können. Je nach kulturellen Traditionen können Rasseln aus verschiedenen Materialien hergestellt werden. So können Sie eine einzigartige Rassel herstellen, die zu Ihren Vorlieben und Praktiken passt.

Ekstatisches Tanzen

Ekstatischer Tanz ist eine Form der schamanischen Heilung, die seit Tausenden von Jahren praktiziert wird. Er beinhaltet tiefe Introspektion, körperliche Anstrengung und intensive Konzentration, die mit zunehmender Übung eine schrittweise Steigerung des Schwierigkeitsgrads erfordert. Während dieser Übungen werden die Praktizierenden dazu angehalten, Visualisierungen einzusetzen, um Gleichgewicht und Kontrolle über ihre Bewegungen zu finden. Darüber hinaus kann der ekstatische Tanz auch therapeutisch genutzt werden, um Klarheit über die eigenen Gedankenmuster zu erlangen und die Verbindung zu sich selbst und seiner Umwelt zu stärken.

Beim schamanischen Heilen kann ekstatischer Tanz Menschen heilen, die an körperlichen oder geistigen Krankheiten leiden. Die Idee hinter dieser Methode ist, dass die Bewegung hilft, negative Energie aus dem Körper freizusetzen, sowohl körperlich als auch geistig, sodass die positive Energie wieder frei fließen kann. Es ist sogar möglich, mit dem Göttlichen zu kommunizieren, indem man tanzt, was eine Form der Meditation ist. Außerdem kann es Ihre Genesung unterstützen und Ihren inneren Frieden fördern. Je nachdem, was Sie brauchen, können Sie es allein oder mit anderen tun. Schamanistische Rituale wie das ekstatische Tanzen erfordern jedoch mehrere Teilnehmer. Es beansprucht Ihren Körper und zwingt Sie dazu, sich mit Ihrem Geist, Ihrem Verstand und Ihrem Körper in Einklang zu bringen.

Um ein erfolgreicher ekstatischer Tänzer zu werden, ist die richtige Geisteshaltung entscheidend. Mit einer Kombination aus Selbstfokussierung und Konzentration auf die anderen um Sie herum ist es möglich, in die Erfahrung einzutauchen und Freude an der Bewegung zu finden. Es kann zwar einige Zeit dauern, sich an diese Form des Tanzes zu gewöhnen, aber die Mühe lohnt sich, denn sie stärkt Ihre körperliche und geistige Gesundheit. Um die Sicherheit zu verbessern, ist es wichtig, langsam anzufangen und die Ausdauer allmählich zu steigern; wenn Sie mit kurzen, aber intensiven Einheiten beginnen, können Sie die gewünschten Ergebnisse erzielen, ohne sich zu überanstrengen. Ekstatisches Tanzen ist eine unglaubliche Möglichkeit, sich zu öffnen und sich ohne Urteil oder Einschränkungen auszudrücken.

Bereiten Sie Ihren Körper auf intensivere Übungen vor, indem Sie leichte Aufwärmübungen wie Gehen oder Dehnen durchführen. Fordern Sie sich dann mit Aktivitäten wie Laufen auf der Stelle oder Hampelmännern heraus. Beide Übungen können Ihre Herzfrequenz erhöhen und den Muskeltonus aufbauen. Ziel ist es, drei Minuten auf der Stelle zu laufen und vier Minuten Hampelmänner zu machen. Außerdem ist es wichtig, dass Sie während des gesamten Trainings ausreichend Flüssigkeit zu sich nehmen und sich bei Bedarf Ruhepausen gönnen.

Das Training des ekstatischen Tanzes beginnt oft damit, dass man lernt, richtig zu atmen und alle Spannungen im Körper zu lösen. Um Ihnen dabei zu helfen, versuchen Sie diese einfache Atemübung:

1. Setzen oder stellen Sie sich bequem hin, schließen Sie die Augen und entspannen Sie sich.
2. Atmen Sie ein paar Mal tief ein und aus und atmen Sie dabei durch den Mund aus.
3. Atmen Sie langsam durch beide Nasenlöcher ein und füllen Sie Ihre Lungen mit Luft, bevor Sie langsam durch jeweils ein Nasenloch ausatmen.
4. Wiederholen Sie den Vorgang, aber atmen Sie nun durch beide Nasenlöcher gleichzeitig aus.
5. Tun Sie dies dreimal täglich für jeweils fünf Minuten, bis es für Sie automatisch wird.

Tanzen ist eine fesselnde Ausdrucksform, die den Fluss und die Emotionen betont. Es ermutigt zu Bewegungen, die sich oft spontan anfühlen, aber aus Ihrem inneren Antrieb heraus entstehen. Um diese Kunstform wirklich zu genießen, sollten Sie sich auf die Musik einlassen und sich gleichzeitig mit Ihrem Partner oder Ihrer Gruppe synchronisieren. Diese Kombination trägt wesentlich dazu bei, ein unvergessliches Erlebnis zu schaffen. Lassen Sie sich von der Musik leiten und achten Sie darauf, wie sich die einzelnen Körperteile im Einklang miteinander und mit den umgebenden Objekten bewegen. Durch diesen Prozess können neue Dimensionen des kreativen Ausdrucks erkundet werden.

Konzentrieren Sie sich beim Tanzen auf Ihren Atem und stellen Sie sich Ihr Ziel vor. Wenn Sie zum Beispiel Schwierigkeiten haben, die Bewegungen Ihrer Arme und Beine zu kontrollieren, konzentrieren Sie sich auf sie, anstatt sie ziellos herumschwingen zu lassen. Vielleicht stellen Sie sich sogar eine unsichtbare Schnur vor, die an jedem Glied befestigt ist und die Bewegungen steuert. Auf diese Weise können Sie sich auf die Steuerung dieser Schnüre konzentrieren, anstatt sich Gedanken darüber zu machen, was andere über Ihren Tanzstil denken.

Beim Erlernen des ekstatischen Tanzes geht es jedoch um mehr als nur um die Beherrschung der Bewegungen und Techniken. Es geht auch darum, sich mit seinem eigenen Körper zu verbinden. Deshalb ist es wichtig, sich zu entspannen und die Sorge loszulassen, Fehler zu machen. Gleichzeitig sind die richtige Atmung und das Lösen von Verspannungen wichtig, um die Kraft und Ausdauer für komplexere Bewegungen wie Drehungen oder Sprünge zu entwickeln. Mit Übung und Geduld kann jeder das Vertrauen in seine Fähigkeiten im ekstatischen Tanz gewinnen.

Chanten

Das Chanten bzw. Singen ist eine uralte Praxis mit vielen verschiedenen Zwecken. Seit Jahrtausenden werden Chants eingesetzt, um sich zu erden und Klarheit im Geist zu finden, um sich mit spirituellen Führern zu verbinden und höhere Weisheit anzuzapfen. Ob allein oder gemeinsam, dieses kraftvolle Instrument kann tiefgreifende Veränderungen bei den Teilnehmern bewirken. Darüber hinaus kann das Chanten als eine Form der Meditation dem Wohlbefinden des Praktizierenden sehr zuträglich sein, da es ihm ermöglicht, sich zu entspannen und mit seinem Inneren Selbst in Verbindung zu treten. Bei so viel Transformationspotenzial ist es kein Wunder, dass sich das Chanten seit jeher bewährt hat.

Durch das Rezitieren von Mantras kann man positive Energie in sein Leben bringen und die gewünschte Veränderung in Form von besseren Beziehungen, besserer Gesundheit oder dem Erreichen von Zielen manifestieren. Zum Beispiel kann das Singen von „Ich werde geliebt" oder „Ich habe Mut" dazu beitragen, das Selbstwertgefühl zu stärken und negative Emotionen wie Wut und Angst abzubauen. Außerdem kann das Singen dazu beitragen, die Widerstandsfähigkeit zu erhöhen, Stress abzubauen und die Konzentration zu verbessern. Letztlich ist diese uralte Praxis ein wirksames Mittel, um inneren Frieden zu kultivieren und sinnvolle Verbindungen zu fördern.

Abgesehen davon kann das Chanten ein mächtiges Werkzeug zur Selbsttransformation sein, da es mentale und spirituelle Blockaden auflöst, den Geist in höhere Bewusstseinszustände erhebt und tiefe Einsichten vermittelt. Diese Praxis wird von spirituell Suchenden auf der ganzen Welt genutzt, von alten Kulturen bis hin zu modernen Religionen. Besinnliche Gesänge können Ihnen zu innerem Frieden und größerer Klarheit verhelfen und so die körperliche Gesundheit und das geistige Wohlbefinden verbessern. Als eine Form der Meditation und des Gebets ist das Singen dafür bekannt, dass es das Gefühl der Einheit und der Verbundenheit mit etwas Größerem als sich selbst fördert. Letztlich ist es eine einfache, aber wirksame Möglichkeit, auf dem Weg des spirituellen Wachstums voranzuschreiten.

Bei der Auswahl der Klänge, die Sie chanten wollen, tragen Sie eine große Verantwortung. Bei der Auswahl dessen, was mit Ihnen in Resonanz geht, geht es um Ihren Geschmack, Ihre Vorlieben und darum, welche Klänge Ihr Bewusstsein in diesem Moment am meisten ansprechen. Denken Sie daran, dass nur Sie diese Wahl treffen können. Wenn jemand zum Beispiel Krebs hat und sich erschöpft fühlt, würde ich vielleicht Tönen anstelle von Chanten empfehlen. Außerdem können binaurale Beats die Entspannung fördern, da sie mit den Frequenzen der Gehirnströme arbeiten und Geist und Körper beruhigen. So kann das Hören binauraler Beats eine wirksame Methode sein, die neuronalen Netze des Geistes zu verändern, um Stresshormone abzubauen, was wiederum die natürlichen Heilungsprozesse im Körper fördern kann. Darüber hinaus können binaurale Beats über Kopfhörer nachts im Bett oder sogar bei Meditationssitzungen während des Tages für eine konzentriertere Heilerfahrung gehört werden.

Insgesamt ist das Chanten ein mächtiges Werkzeug, um uns mit den tieferen Teilen unseres Wesens zu verbinden und die Welt um uns herum zu verstehen. Es ermöglicht uns den Zugang zu tieferen Wissensebenen und erschließt uns Energien, die sonst unzugänglich sind. Darüber hinaus können wir unsere Gedanken, Emotionen und Absichten so ausrichten, dass sich die gewünschten Ergebnisse manifestieren. Um dieser Technik eine faktische Komponente hinzuzufügen, folgt das Chanten oft festgelegten Mustern oder Reimen, die auf alten Traditionen beruhen und den Praktizierenden dabei helfen, Erleuchtung und Verbindung mit der Natur zu erlangen. Letztlich ist die Art des Singens, die am besten zu Ihnen passt, immer die richtige Wahl.

Entheogene

Entheogene haben eine lange Tradition in vielen Kulturen und Religionen der Welt, vom alten Griechenland und Ägypten, wo sie als *„Speise der Götter"* bekannt waren, über Indien mit seinem Soma, China mit seinen Pilzen, Afrika mit der Iboga-Wurzel bis hin zu Südamerika mit Ayahuasca. Diese Substanzen lösen eine spirituelle Erfahrung aus, und Schamanen verwenden sie auch als Mittel für Heilpraktiken und den Zugang zur Geisterwelt. Darüber hinaus wird angenommen, dass Entheogene von verschiedenen Kulturen seit Tausenden von Jahren verwendet werden.

Bei schamanistischen Praktiken werden häufig Entheogene eingesetzt, um eine Verbindung zu anderen Welten herzustellen. Entheogene sind Substanzen, die einen veränderten Bewusstseinszustand (VBZ) hervorrufen, der es dem Anwender ermöglicht, sich anders als gewöhnlich zu fühlen, z. B. entspannt, erregt oder energetisiert. Dabei kann es sich um Pflanzen, Pilze oder künstliche Chemikalien handeln, wie z. B.:

- Psilocybin-Pilze und LSD
- Meskalin aus Peyote-Kakteen
- Ayahuasca aus der Liane Banisteriopsis caapi und Psychotria viridis
- Fliegenpilze (Amanita muscaria)
- LSA (Lysergsäureamid) aus Prunkwindesamen
- Hawaiianische Holzrose

Diese Substanzen können intensive spirituelle Erfahrungen auslösen, bei denen die Konsumenten glauben, sie hätten eine höhere Ebene des Seins erreicht. Ebenso wurden Entheogene im Laufe der Geschichte für verschiedene spirituelle und medizinische Zwecke verwendet.

Indigene Gruppen auf der ganzen Welt nutzen seit Jahrhunderten Entheogene für ihre spirituellen Praktiken. Diese psychoaktiven Substanzen wie Ibogawurzelrinde und Peyote-Kaktus haben eine starke bewusstseinsverändernde Wirkung, die tiefgreifende Veränderungen des Bewusstseins bewirken kann. Im Gegensatz zu Psychedelika, die oft zu Verwirrung und Desorientierung führen, vermitteln Entheogene Frieden und Klarheit. In schamanischen Ritualen sollen sie Schamanen in die Lage versetzen, in andere Welten oder Reiche jenseits dieser Welt zu reisen, wo sie mit göttlichen Wesenheiten kommunizieren können. Die psychedelische Erfahrung wird gemeinhin als eine Erforschung der Tiefen der eigenen Psyche beschrieben. Gleichzeitig kann eine entheogene Reise als eine Reise über das eigene Ich hinaus in eine völlig andere Realität betrachtet werden. Entheogene sind auch dafür bekannt, dass sie Erfahrungen von tiefer Einsicht und Heilung fördern.

Schamanen verwenden Entheogene, um die Kluft zwischen den Welten zu überbrücken und eine Verbindung zur spirituellen Welt herzustellen. Die Palette der Entheogene reicht von natürlich vorkommenden Pflanzen und Pilzen bis hin zu synthetischen Verbindungen. Der Nutzen dieser Substanzen kann je nach Art, Dosierung und Verabreichung variieren. Einige können beispielsweise als Heilmittel verwendet werden, während andere zur Wahrsagerei oder zur Selbsterforschung eingesetzt werden. Insbesondere Ayahuasca ist eines der stärksten Entheogene und wird seit Tausenden von Jahren in südamerikanischen schamanischen Ritualen verwendet, um spirituelles Wissen zu erlangen oder mit Geistern zu kommunizieren.

Die indigenen Völker von heute verwenden immer noch Entheogene, die seit Tausenden von Jahren in schamanischen Ritualen eingesetzt werden. Diese Substanzen können zwar gefährlich sein, wenn sie im Übermaß oder von Menschen mit psychischen Vorerkrankungen eingenommen werden, aber sie können auch eine spirituelle Erfahrung bieten, die den Konsumenten helfen kann, sich mit ihrer Identität als Teil der Natur oder der Menschheit zu verbinden.

Schlussfolgerung

Dieses Buch soll einen Überblick über die wichtigsten Aspekte des Schamanismus geben, einschließlich seiner Glaubensvorstellungen, Praktiken und Techniken. Ich habe mich in die reiche und faszinierende Welt der schamanischen Heilung, der Geistführer und der drei schamanischen Welten vertieft. Ich habe auch die Rolle von Träumen und Trance in der schamanischen Praxis untersucht.

Ich habe die Bedeutung des Schamanismus als eine alte spirituelle Praxis betont, die auch heute noch relevant und wirksam ist. Diese Praxis basiert auf der Vorstellung, dass alle Dinge einen Geist oder eine Seele haben und alles im Universum miteinander verbunden ist. Die Rolle des Schamanen besteht darin, die Kommunikation zwischen der physischen und der spirituellen Welt zu erleichtern und den Menschen dabei zu helfen, zu heilen und ihr Leben ins Gleichgewicht zu bringen.

Schamanismus ist eine spirituelle Praxis, die einen veränderten Bewusstseinszustand, die Kommunikation mit der Geisterwelt und Heilung beinhaltet. Er umfasst verschiedene Techniken wie Trommeln oder Singen, um einen veränderten Bewusstseinszustand zu erreichen, der durch bewusstseinserweiternde Kräuter oder psychedelische Pflanzen erreicht werden kann. Ziel des Schamanismus ist es, den Menschen zu helfen, mit ihrem Inneren Selbst in Verbindung zu treten und Zugang zu verborgenem Wissen zu erhalten, z. B. zu Kenntnissen über vergangene Leben oder zukünftige Ereignisse. Schamanen gibt es auch heute noch, sie werden Heiler genannt und wenden ähnliche Techniken an wie die traditionellen Schamanen.

Das Wort Schamane stammt aus den tungusischen Sprachen und bezeichnet einen Priester oder Heiler, der spirituelle Techniken anwendet, um Heilung und Kommunikation mit Geistern zu ermöglichen. Der traditionelle Schamanismus basiert auf direkter Erfahrung, der Einbindung in die Natur und der Suche nach Sinn durch spirituelle Entwicklung. Der moderne Schamanismus ist von Natur aus spirituell, aber nicht religiös. In *Die 4 Säulen des Schamanismus* stelle ich einen umfassenden Leitfaden zur Verfügung, der diese grundlegenden Prinzipien und Praktiken im Detail erforscht und Einblicke und praktische Anleitungen für diejenigen bietet, die ihr Verständnis des Schamanismus vertiefen und seine Lehren in die Praxis umsetzen möchten.

Die erste Säule des Schamanismus ist eine tiefe Verbindung mit der natürlichen Welt. Diese Verbindung wird als die Grundlage der schamanischen Praxis angesehen und durch einen tiefen Respekt und Ehrfurcht vor der natürlichen Welt und ihren Zyklen und Jahreszeiten erreicht. In diesem Kapitel haben wir untersucht, wie indigene Kulturen diese Verbindung über die Jahrhunderte aufrechterhalten haben und welche praktischen Schritte moderne Praktizierende unternehmen können, um ihre Verbindung zur Natur zu vertiefen.

Die zweite Säule des Schamanismus ist der Einsatz von Ritualen und Zeremonien. In schamanischen Kulturen werden diese Rituale und Zeremonien als mächtige Werkzeuge zur Verbindung mit der geistigen Welt und zur Förderung von Heilung und Wachstum angesehen. In diesem Kapitel haben wir die verschiedenen Formen dieser Rituale und Zeremonien untersucht und praktische Anleitungen für die Gestaltung sinnvoller Rituale und Zeremonien gegeben.

Die dritte Säule des Schamanismus ist die Auseinandersetzung mit der nicht-alltäglichen Realität. Dies bezieht sich auf den Bereich der Geisterwelt, die als eine parallele Realität angesehen wird, die genauso real ist wie die physische Welt. In diesem Kapitel haben wir die verschiedenen Methoden untersucht, mit denen Schamanen sich mit dieser Welt auseinandersetzen, darunter Meditation, Visualisierung und andere schamanische Techniken. Es bietet auch praktische Anleitungen, wie Sie Ihre eigenen schamanischen Praktiken entwickeln und sich auf sinnvolle Weise mit der Geisterwelt auseinandersetzen können.

Die vierte und letzte Säule des Schamanismus ist die Anwendung von schamanischen Heiltechniken. Diese Techniken werden zur Förderung der körperlichen, emotionalen und spirituellen Heilung eingesetzt und umfassen Praktiken wie den Einsatz von Krafttieren, Seelenrückholung und Extraktion. In diesem Kapitel wurden diese Techniken im Detail erforscht und praktische Anleitungen für persönliche Heilung und Wachstum gegeben.

Insgesamt bietet *Die vier Säulen des Schamanismus* einen umfassenden Überblick über die uralte spirituelle Praxis und ihre anhaltende Bedeutung in der heutigen Welt. Indem ich die Bedeutung der vier Säulen – Verbundenheit mit der Natur, Gemeinschaft, Spiritualität und Heilung – für die Förderung eines ganzheitlichen und erfüllten Lebens hervorhebe, mache ich die Botschaft dieses Buches kristallklar.

Mehrere wesentliche Aspekte des Schamanismus, darunter schamanische Heilung und Geistführer, wurden ebenfalls erforscht. Bei der schamanischen Heilung reist ein Schamane in die spirituelle Welt, um mit Geistern zu kommunizieren und verlorene Seelenanteile zurückzuholen. Auf diese Weise werden das Gleichgewicht und die Heilung des Einzelnen wiederhergestellt. Diese kraftvolle Form der Heilung befasst sich auch mit körperlichen Beschwerden sowie geistigen, emotionalen, beziehungsbezogenen und finanziellen Problemen. Neben diesen Praktiken unterstützen Geistführer aus dem spirituellen Bereich den Schamanen auf seinem Weg zu mehr spirituellem Verständnis und persönlichem Wachstum. Dieses Buch berührt auch die einzigartigen Lehren und Qualitäten der oberen, mittleren und unteren Welten, auf die der Schamane während seiner transformativen Reisen zugreifen kann.

Schließlich haben wir die Bedeutung von Träumen und Trance in der schamanischen Praxis besprochen. Träume bieten eine direkte Verbindung zur spirituellen Welt, und der Schamane kann diese Verbindung nutzen, um Einsichten, Führung und Heilung zu erlangen. Trance ist ein Bewusstseinszustand, in dem der Schamane Zugang zur spirituellen Welt hat und mit Geistern kommunizieren kann; sie ist ein entscheidender Aspekt der schamanischen Praxis.

Um mein Versprechen einzulösen, bietet dieses Buch einen umfassenden Überblick über die entscheidenden Aspekte des Schamanismus und beleuchtet die reiche und faszinierende Welt dieser alten spirituellen Praxis. Ich habe mir zum Ziel gesetzt, die zentralen Glaubenssätze, Praktiken und Techniken des Schamanismus zu beleuchten und ein tieferes Verständnis für diesen kraftvollen und transformativen Weg zu vermitteln.

Das Buch soll den Lesern helfen, Harmonie und Gleichgewicht in ihrem Leben zu finden, indem sie sich durch den Schamanismus mit der Geisterwelt verbinden. Außerdem bietet es eine Lösung für diejenigen, die ein tieferes Verständnis des Schamanismus und seiner Vorteile suchen. Durch eine klare und verständliche Sprache habe ich Sie durch die Komplexität dieser spirituellen Tradition geführt und gezeigt, wie ihre Prinzipien und Praktiken in das moderne Leben integriert werden können.

Das Wichtigste, was Sie aus diesem Buch mitnehmen sollten, ist die Erkenntnis, dass der Schamanismus einen Weg zu einem erfüllteren und sinnvolleren Leben bietet. Indem man sich die vier Säulen Naturverbundenheit, Gemeinschaft, Spiritualität und Heilung zu eigen macht, kann der Einzelne einen tieferen Sinn für sein Ziel kultivieren und täglich mehr Frieden und Glück finden. Ganz gleich, ob man den Schamanismus zum ersten Mal erkunden oder seine bestehende spirituelle Praxis vertiefen möchte, *Die 4 Säulen des Schamanismus* ist ein umfassender und inspirierender Leitfaden zu dieser reichen und alten Tradition.

Glossar

Achtsamkeit: Achtsamkeit ist eine Art der Aufmerksamkeit, die sich darauf konzentriert, in Ihrem Leben präsent zu sein. Achtsamkeit kann Ihnen helfen, Ihre Gedanken und Gefühle bewusster wahrzunehmen, ohne sie zu bewerten.

Ahnen: Die Menschen aus früheren Generationen, die Ihnen biologisch oder kulturell vorausgegangen sind.

Angeborene Fähigkeiten: Natürliche Talente oder Fähigkeiten, die einer Person ohne Training oder Ausbildung innewohnen.

Atemübungen: Techniken zur Regulierung und Kontrolle der eigenen Atmung, oft als eine Form der Meditation oder des Stressabbaus.

Aura: Ein Energiefeld, von dem gesagt wird, dass es den Körper eines Menschen umgibt und durchdringt, und das oft als bunter oder leuchtender Heiligenschein wahrgenommen wird.

Ausdauer: Die Fähigkeit, etwas über einen längeren Zeitraum hinweg zu tun, ohne leicht zu ermüden; Durchhaltevermögen; Willensstärke.

Beschwörungen: Worte oder Phrasen, die wiederholt werden, um ein bestimmtes Ergebnis zu erzielen oder ein gewünschtes Resultat zu beeinflussen.

Böser Geist: Ein Wesen, von dem manche glauben, dass es eine Quelle negativer Energie und negativen Einflusses auf die Welt ist.

Burn-out: Verlust von Motivation und Lebensfreude durch einen Zustand körperlicher, emotionaler und geistiger Erschöpfung, der durch übermäßigen und lang anhaltenden Stress oder Arbeit hervorgerufen wird.

Der Himmel: Ein Begriff, der einen Bereich der Existenz beschreibt, von dem manche glauben, er sei ein Ort des Friedens, des Glücks und der geistigen Erfüllung.

Diagnose: Die Identifizierung oder Bestimmung von Art und Ursache einer Krankheit oder eines Zustands, die in der Regel von einem Arzt oder einer anderen medizinischen Fachkraft vorgenommen wird.

Die Geisterwelt: Ein Ort, an den alle Seelen nach dem Tod gehen; diese Welt kann durch Meditation oder andere spirituelle Praktiken wie die Astralprojektion (bei der man seinen Körper vorübergehend verlässt) erreicht werden.

Dimension: Eine Richtung oder ein Aspekt, entlang derer ein Phänomen oder Objekt variieren kann, oder ein Konzept in Physik und Mathematik, das sich auf eine physikalische Ausdehnung oder eine Raum-Zeit-Koordinate bezieht.

Duft: Ein bestimmter Geruch, insbesondere ein angenehmer Geruch.

Empath: Eine Person mit einer erhöhten Fähigkeit, die Emotionen und Gefühle anderer wahrzunehmen und zu verstehen.

Endorphine: Natürliche, wohltuende Chemikalien, die der Körper produziert, um Schmerzen zu lindern und ein Gefühl des Wohlbefindens zu erzeugen.

Engel: Göttliche Wesen, die als Boten zwischen dem göttlichen Reich und der physischen Welt fungieren und den Menschen Trost, Führung und Schutz bieten.

Erde: Der physische Bereich der Existenz und die natürliche Welt, einschließlich der Elemente Land, Wasser, Luft, Feuer und Geist.

Erdmutter: Ein Konzept in vielen indigenen Kulturen, das die Erde als nährende und erhaltende Mutter personifiziert, die oft mit Fruchtbarkeit, Wachstum und Überfluss assoziiert wird.

Erzengel: Hochrangige Engel in vielen religiösen Traditionen, die oft mit bestimmten Eigenschaften oder Aufgaben in Verbindung gebracht werden, z. B. Michael als Beschützer oder Gabriel als Bote.

Euphorie: Ein intensives Glücksgefühl, das oft mit einem Gefühl von Hochstimmung und Aufregung einhergeht.

Exorzismus: Ein Ritual oder eine Praxis, um einen bösen Geist oder ein negatives Wesen von einer Person oder einem Ort zu entfernen.

Führer: Spirituelle Wesen, wie z. B. Engel oder Krafttiere, die Menschen auf ihrem spirituellen Weg begleiten und unterstützen.

Fürbitte: Eine Form des Gebets, bei der eine Person eine höhere Macht um Führung für sich oder andere bittet.

Geist: Die Kraft, die außerhalb von Zeit und Raum existiert. Sie umfasst die Seelen von Menschen, Tieren, Pflanzen, Planeten, Sternen und anderen Dingen außerhalb der menschlichen Erfahrung.

Geistführer: Menschen, die verstorben sind, aber immer noch in unserer Welt präsent sind; in der westlichen Kultur werden sie gewöhnlich als Ahnen oder Engel bezeichnet (wobei die Definitionen der beiden Begriffe variieren). Sie werden oft als Vermittler für die Kommunikation mit der geistigen Welt angesehen.

Geistige Kommunikation: Sprechen mit Geistern durch Meditation, Wahrsageinstrumente wie Tarotkarten oder Pendel oder andere Methoden wie Channeling.

Geistige Verbündete: Menschen oder Tiere, die sich entschieden haben, Sie auf Ihrem Lebensweg zu unterstützen. Sie können in Träumen oder Visionen als Führer oder Beschützer erscheinen.

Geistiges Reich: Ein Daseinsbereich außerhalb der physischen Welt, in dem Geister und Engel wohnen sollen; auch als Himmel bekannt.

Gestaltwandeln: Wenn jemand die körperlichen Eigenschaften von etwas anderem annimmt.

Gottheiten: Göttliche oder übernatürliche Wesen, die in verschiedenen religiösen und spirituellen Traditionen angebetet und verehrt werden und oft mit bestimmten Eigenschaften, Kräften oder Bereichen verbunden sind.

Göttlich: Von einer Gottheit oder dem Göttlichen oder in Bezug auf eine Gottheit oder das Göttliche, oft verbunden mit Heiligkeit, Reinheit und Transzendenz.

Göttliche Verbindung: Eine Beziehung oder Verbindung mit der göttlichen oder spirituellen Welt, die oft als ein Gefühl der Nähe oder der Kommunikation mit einer höheren Macht erlebt wird.

Göttliche Wesenheiten: Kreaturen oder Wesen, von denen angenommen wird, dass sie einen göttlichen oder übernatürlichen Ursprung oder Charakter haben.

Heilung: Der Vorgang der Wiederherstellung des körperlichen, geistigen und seelischen Gleichgewichts.

Heilung: Eine Behandlung oder Lösung, die eine Krankheit oder einen Zustand lindert oder beseitigt.

Heilungsmethoden: Zur Erleichterung der Heilung werden verschiedene Techniken eingesetzt, z. B. Meditation, Visualisierung, Reiki und Akupunktur.

Heilungssitzungen: Einzelsitzungen mit einem Heiler, bei denen die Person Anleitung und Unterstützung für ihre Heilungsreise erhält.

Helfende Geister: Spirituelle Wesenheiten, von denen manche glauben, dass sie den Menschen auf ihrem spirituellen Weg Führung und Unterstützung bieten.

Hellsehen: Eine Wahrsagetechnik, bei der man eine reflektierende Oberfläche, z. B. eine Kristallkugel, benutzt, um Visionen zu sehen oder Informationen aus der geistigen Welt zu erhalten.

Himmelsgottheit: Die Gottheit, die im Himmel lebt oder über den Himmel herrscht.

Himmlische Wesenheiten: Geistige Wesenheiten, von denen manche glauben, dass sie im Himmel wohnen und den Menschen auf der Erde Führung und Unterstützung bieten.

Höhere Macht: Ein Begriff, der eine göttliche, spirituelle Kraft oder Entität beschreibt, von der man glaubt, sie sei größer als man selbst.

Höhere Reiche des Verstehens: Bereiche der Existenz, von denen einige glauben, dass sie jenseits unserer physischen Welt liegen und größeres Wissen und Weisheit beinhalten.

Höheres Selbst: Ein Begriff, der verwendet wird, um den spirituellen Aspekt einer Person zu beschreiben, von dem angenommen wird, dass er ihr wahres Selbst jenseits des physischen Körpers und des Egos ist.

Hölle: Ein Begriff, der einen Bereich der Existenz beschreibt, der von einigen als Ort des Leidens und der Bestrafung angesehen wird.

Innere Stimme: Eine Stimme oder innere Intuition, von der man annimmt, dass sie dem Menschen auf seinem spirituellen Weg Orientierung und Weisheit gibt.

Innere Weisheit: Ein Begriff, der das innere Wissen und Verständnis einer Person beschreibt, das durch ruhiges Nachdenken und Selbstbeobachtung zugänglich ist.

Innerer Führer: Eine Intuition oder innere Stimme, von der man annimmt, dass sie Menschen auf ihrer spirituellen Reise Orientierung und Weisheit gibt.

Inneres Selbst: Ein Begriff, der das wahre Selbst jenseits des physischen Körpers und des Egos beschreibt, von dem angenommen wird, dass es innere Weisheit und Führung enthält.

Integrieren: Der Prozess der Kombination und Integration verschiedener Aspekte von sich selbst, wie z. B. der körperlichen, emotionalen, mentalen und spirituellen Aspekte.

Introspektion: Der Prozess, in sich selbst zu schauen und die eigenen Gedanken, Gefühle und Überzeugungen zu untersuchen.

Intuition: Eine angeborene Fähigkeit, etwas intuitiv und ohne bewusstes Denken zu begreifen.

Kraftrückholung: Eine schamanische Praxis zur Wiedererlangung der eigenen verlorenen Kraft oder Lebensenergie.

Krafttier: Ein Tiergeist, der als Führer und Verbündeter dient.

Krafttier-Rückholung: Eine Technik, bei der der schamanische Heiler das Krafttier einer Person zurückholt, das sich von ihr getrennt hat.

Krankheit: Ein körperlicher oder geistiger Zustand, der das normale Funktionieren und Wohlbefinden beeinträchtigt.

Magische Rituale: Ein Ereignis, das Veränderungen in der Welt herbeiführen soll; eine Zeremonie mit Beschwörungen, Zaubersprüchen und anderen Ritualen.

Manifestation: Der Prozess, durch den eine Idee oder ein Bild entsteht; der Akt, etwas in sichtbarer Form zu verkörpern; der Akt, sichtbar zu werden.

Mantras: Die Wiederholung eines Wortes oder Klangs wird als Mantra bezeichnet und kann zur Verbesserung der Konzentration, zur Beruhigung des Geistes und zur Entspannung eingesetzt werden.

Meditation: Meditation ist ein wesentlicher Bestandteil vieler Religionen und spiritueller Praktiken. Sie beinhaltet die Konzentration auf eine Sache für einen längeren Zeitraum, normalerweise mindestens 10 Minuten, um Entspannung, Klarheit und Wohlbefinden zu fördern.

Medizinrad: Ein Medizinrad ist ein heiliger Kreis, der in indianischen Zeremonien verwendet wird, um die vier Elemente und Richtungen zu symbolisieren. Außerdem kann es ein hilfreiches Werkzeug für Visionssuche und Meditation sein.

Metaphysische Ebene: Die metaphysische Ebene bezieht sich auf Vorstellungen über Spiritualität – Überzeugungen darüber, was nach dem Tod geschieht, ob wir Seelen haben, wie wir mit Gott in Verbindung treten usw. – im Gegensatz zu religiösen Überzeugungen, z. B. in welche Kirche man geht oder welche Zeremonien man praktiziert (diese würden auf die physische Ebene fallen).

Moderner Schamanismus: Eine moderne Form des spirituellen, aber nicht religiösen Schamanismus. Es geht darum, die Sinne zu nutzen, um mit der Umwelt zu interagieren, Wege zu finden, sich mit anderen zu verbinden, und mit Energie zu arbeiten, um sich selbst und andere zu heilen.

Mystiker: Mystiker sind Menschen, die eine enge Beziehung zu ihren spirituellen Überzeugungen haben und versuchen, ihre Lebenserfahrungen in diesem Sinne zu verstehen. Sie suchen oft andere, die diese Ideen erforschen wollen, und sind von Gleichgesinnten umgeben.

Okkulte Traditionen: Okkulte Traditionen sind Praktiken, die das Übernatürliche oder Paranormale beinhalten. Je nach der Absicht der Person, die sie anwendet, kann das Okkulte zum Guten oder zum Bösen genutzt werden.

Omen: Ein Omen ist ein Ereignis, von dem man glaubt, dass es zukünftige Ereignisse vorhersagt. Omen sind in der Regel mit einem spirituellen Glaubenssystem verbunden und treten zufällig auf.

Präkognition: Die Fähigkeit, Ereignisse oder Informationen über die Zukunft durch außersinnliche Mittel wahrzunehmen oder zu wissen.

Primordiale Gottheit: Eine ursprüngliche Gottheit, von der angenommen wird, dass sie seit Anbeginn der Zeit existiert und die Elementarkräfte des Universums repräsentiert.

Psychedelische Pflanzen/Pilze: Pflanzen oder Pilze, die einen veränderten Bewusstseinszustand hervorrufen können.

Psychische Heilung: Eine Art der Heilung, bei der psychische oder spirituelle Energie eingesetzt wird, um das Energiefeld des Einzelnen auszugleichen und sein körperliches, geistiges und emotionales Wohlbefinden zu fördern.

Psychopomp: Ein Geschöpf, eine Gottheit oder ein Wesen, das die Seelen der Verstorbenen ins Jenseits führt.

Psychotherapie: Eine Form der Therapie, die darauf abzielt, psychische Störungen zu behandeln, indem die Gedanken und Verhaltensweisen des Patienten verändert werden.

Rassel: Ein Musikinstrument, das in der Regel aus einem Griff und einem mit kleinen Gegenständen gefüllten Behälter besteht, die beim Schütteln einen Ton erzeugen. Es wird bei verschiedenen spirituellen und religiösen Praktiken, einschließlich Schamanismus, verwendet.

Rasseln: Das Schütteln einer Rassel in einem spirituellen oder religiösen Kontext, um Klänge zu erzeugen und eine bestimmte Energie zu erzeugen.

Räucherwerk: Substanzen, die beim Verbrennen einen duftenden Rauch erzeugen und bei verschiedenen spirituellen Praktiken aufgrund ihrer symbolischen oder medizinischen Eigenschaften verwendet werden.

Reale Wesenheiten: Wesen oder Entitäten, die physisch oder geistig existieren und mit den Sinnen oder übersinnlichen Mitteln wahrgenommen werden können.

Realitäten: Verschiedene Dimensionen, Bereiche oder Realitäten, die jenseits unserer physischen Realität existieren und durch spirituelle Praktiken oder Erfahrungen erreicht werden können.

Reflexion: Der Akt des Nachdenkens oder Prüfens der eigenen Gedanken, Gefühle und Handlungen, um Einsicht und Verständnis zu gewinnen.

Reiche der Wirklichkeit: Verschiedene Ebenen oder Bereiche der Existenz jenseits unserer physischen Realität, die durch spirituelle oder übernatürliche Mittel erfahren werden können.

Rituale: Eine Reihe von Handlungen oder Worten, die auf eine bestimmte Weise ausgeführt werden, oft als Teil einer spirituellen oder religiösen Tradition.

Ritualisierte Praktiken: Praktiken oder Aktivitäten, die als Teil einer spirituellen oder religiösen Tradition formalisiert oder strukturiert wurden.

Säulen des Schamanismus: Zu den Säulen des Schamanismus gehören: *Geistige Kommunikation, Heilarbeit, Trancearbeit, Reisen/ Träumen und rituelle Zeremonien/Trommeln.* Diese Säulen werden zusammen verwendet, um einen ganzheitlichen Ansatz für Lebensbalance und Heilungsarbeit bei sich selbst oder anderen zu schaffen, die Unterstützung von jemandem benötigen, der in dieser Heilungsmethode ausgebildet ist.

Schamane: Ein spiritueller Praktiker, der veränderte Bewusstseinszustände nutzt, um Zugang zur Geisterwelt zu erhalten und Informationen und Heilung in die Gemeinschaft zu bringen.

Schamanische Praktiken: Techniken, die im Schamanismus verwendet werden, wie Trommeln, Chanten oder Psychedelika, um einen VBZ zu erreichen.

Schamanische Reise: Eine spirituelle Reise oder Meditation, bei der ein Schamane Zugang zur Geisterwelt hat, um Einsicht, Heilung oder Wissen zu erlangen.

Schamanische Welten: Die Welten, die Schamanen bereisen, um mit den Geistern zu kommunizieren.

Schamanisches Heilen: Eine Art des Heilens, bei der mit Geistern, Energien und Elementen der Natur gearbeitet wird, um das körperliche, geistige und emotionale Wohlbefinden zu fördern.

Schamanisches Reisen: Die Praxis des Zugangs zur geistigen Welt durch eine Reise oder Meditation, die oft von einem Schamanen oder einem spirituellen Lehrer geleitet wird.

Schamanismus: Eine Form der spirituellen Praxis, bei der eine Person, die Schamane genannt wird, in einen veränderten Bewusstseinszustand eintritt, um mit anderen zu kommunizieren und sie zu heilen.

Schmerzhafte Erlebnisse: Einige schamanische Praktiken können von Ihnen verlangen, dass Sie sich auf schmerzhafte oder unangenehme Aktivitäten einlassen, wie z. B. Fasten oder Übungen, um mit den Energiezentren Ihres Körpers in Kontakt zu kommen und positive Energie in Ihr Leben zu bringen.

Schwitzhütten-Zeremonie: Eine Reinigungszeremonie, die körperliche, emotionale und spirituelle Heilung fördert.

Seele: Der ewige Teil von Ihnen und die Kraft, die Ihrem Körper Leben einhaucht; sie besteht aus Ihren positiven Eigenschaften und Lebenserfahrungen, die Ihre Entscheidungen beeinflussen.

Seelenflug: Eine Erfahrung, bei der Sie Ihren Körper verlassen und in eine andere Welt oder einen anderen Seinszustand wechseln, wie bei der Astralprojektion.

Seelenrückholung: Ein schamanisches Ritual, bei dem eine verlorene Seele gerettet und sicher nach Hause zurückgebracht wird.

Seelenwachstum: Das, was während des Seelenflugs geschieht – Wachstum, Entwicklung und Lernen über sich selbst und andere.

Skandinavisch: Bezieht sich auf die Länder Skandinaviens (Norwegen, Schweden und Dänemark), ihre Kulturen und ihre Menschen.

Spirituelle Entwicklung: Eine Reise zu einer höheren Bewusstseinsebene. Es ist der Prozess, durch den sich das eigene Bewusstsein erweitert und universeller wird. Spirituelle Entwicklung wird durch Meditation, Yoga, Gebet und andere spirituelle Praktiken erreicht.

Spiritueller Führer: Eine Person, die eine andere Person bei ihrer spirituellen Entwicklung unterstützt.

Spiritueller Leiter: Die Person, die eine Gemeinschaft oder religiöse Gruppe leitet; ein religiöser Führer, eine inspirierende Figur oder einfach jemand, der andere lehrt, wie man spiritueller lebt.

Spiritueller Pfad: Ein Weg, den man wählt, um durch Meditation, Yoga, Gebet und andere spirituelle Praktiken Erleuchtung oder Vereinigung mit Gott zu erreichen.

Synchronizität: Ein Ausdruck, der ein Zusammentreffen von Zufällen beschreibt, das sich jeder Logik entzieht.

Tägliche Praxis: Eine Routine oder ein routinemäßiges Verhalten, das regelmäßig und wiederholt als eine Form der Selbstverbesserung oder des geistigen Wachstums durchgeführt wird.

Tiefer gehen: Der Vorgang, etwas gründlicher oder intensiver zu erforschen oder zu untersuchen, oft um ein besseres Verständnis oder Wissen zu erlangen.

Trance: Ein Zustand, in dem man sich so sehr auf etwas konzentriert, dass man seine Umgebung nicht mehr wahrnimmt.

Überbringer von Botschaften: In der Tradition der amerikanischen Ureinwohner kommen Boten aus anderen Welten auf die Erde, um uns über uns selbst und unseren Platz im Universum zu unterrichten, indem sie ihre Weisheit durch Geschichten oder Lieder weitergeben. In einigen Kulturen werden diese Boten „Geistführer" oder „Wächter" genannt.

Übernatürliche Welt: Eine unkonventionelle Welt, die sich den physikalischen Gesetzen entzieht.

Überschreiten: Ein Begriff, der in vielen spirituellen und religiösen Traditionen verwendet wird, um den Übergang einer Seele von einer Existenzebene zu einer anderen zu beschreiben, z. B. von der physischen Welt ins Jenseits.

Veränderter Bewusstseinszustand (VBZ): Ein Bewusstseinszustand, der sich vom normalen Bewusstsein unterscheidet und typischerweise durch Veränderungen der Wahrnehmung, des Denkens, der Gefühle und des Gedächtnisses gekennzeichnet ist.

Verbinden: Der Prozess der Herstellung einer Verbindung oder Beziehung zwischen zwei oder mehr Dingen.

Verbindung: Eine Beziehung oder Verbindung zwischen zwei oder mehr Dingen.

Verlorene Seelenteile: Fragmente der Seelenessenz einer Person, die sich abgetrennt haben.

Verzweiflung: Ein Gefühl der Hoffnungslosigkeit und Verzagtheit, oft begleitet von Verlust oder Frustration aufgrund komplexer oder schwieriger Umstände.

Visionen: Wenn Menschen etwas sehen können, das nicht physisch da ist, meist durch Drogen oder Meditation.

Wahrsagerei: Die Praxis der Suche nach oder Offenbarung von Wissen oder Führung durch übernatürliche Mittel, wie z. B. das Deuten von Omen, das Werfen von Losen oder das Befragen von Orakeln.

Wassergeister: Geister, die im Wasser leben, etwa in Seen, Flüssen oder Ozeanen.

Zeichen: Dinge, die auf etwas anderes hinweisen, wie ein Wegweiser oder ein Symbol.

Zentrierung: Eine Übung, bei der die Aufmerksamkeit und der Fokus auf den gegenwärtigen Moment und die körperlichen Empfindungen gerichtet werden, um Stress zu reduzieren und das Bewusstsein zu erhöhen.

Zeremonie: Ein formelles und symbolisches Ereignis, oft religiös oder spirituell, das einen bedeutenden Anlass markiert oder Menschen zusammenbringt.

Quellenangabe

Aletheia. (2018, February 5). *7 types of spirit guides (& how to connect with them)*. LonerWolf. https://lonerwolf.com/spirit-guides/

Bernstein, G. (2020, February 28). *10 simple and beautiful ways to connect with your spirit guides*. Gabby Bernstein. https://gabby-bernstein.com/spirit-guides/

Dreaming research papers - 894 words | Bartleby. (n.d.). www.bartleby.com. https://www.bartleby.com/essay/Dreaming-Research-Papers-FJAF9CC44EV

Faria, M. (2021, July 12). *"Plants of the gods" and their hallucinogenic powers in neuropharmacology — A review of two books*. Surgical Neurology International. https://doi.org/10.25259/sni_560_2021

Farmer, S. D. (n.d.). *Signs from the animal world*. Unity.org. https://www.unity.org/article/signs-animal-world

Halliday, M. (n.d.). *Introduction to the medicine wheel | The Edinburgh Shamanic Centre*. www.shamaniccentre.com. https://www.shamaniccentre.com/teachings-medicinewheel.html

Harner, M. (n.d.). *A core shamanic theory of dreams*. https://www.shamanism.org/articles/pdfs/ShamanicTheoryDreams3-11.pdf

Harner, M. (2005). *Articles on shamanism and shamanic studies: my path in shamanism by Michael Harner, from higher wisdom by Roger Walsh and Charles S. Grob.* www.shamanism.org. https://www.shamanism.org/articles/article16page4.html

https://hraf.yale.edu/author/ajordan. (2019, March 27). *cross-culturally exploring the concept of shamanism.* Human Relations Area Files - Cultural Information for Education and Research. https://hraf.yale.edu/cross-culturally-exploring-the-concept-of-shamanism/

Jackson, J. (2018, August 15). *Shamanism - spiritual guides for indigenous peoples.* www.linkedin.com. https://www.linkedin.com/pulse/shamanism-spiritual-guides-indigenous-peoples-julian-jackson/

Kapoor, M. (2022, December 29). *5 certain signs that your higher self is talking to you.* Mukund Kapoor's Blog. https://mukundkapoor.com/signs-that-your-higher-self-is-talking-to-you

Labate, B., Laboa, B., Mizumoto, S., Anderson, B. & Cavnar, C. (2014). The therapeutic use of ayahuasca. In *www.academia.edu.* https://www.academia.edu/27695463/The_therapeutic_use_of_ayahuasca

Mazzola, L. C. (1988). The Medicine Wheel: Center and Periphery. *The Journal of Popular Culture, 22*(2), 63–73. https://doi.org/10.1111/j.0022-3840.1988.2202_63.x

McClenon, J. (1997). Shamanic Healing, Human Evolution, and the Origin of Religion. *Journal for the Scientific Study of Religion, 36*(3), 345. https://doi.org/10.2307/1387852

McNamara, P. & Bulkeley, K. (2015). Dreams as a source of supernatural agent concepts. *Frontiers in Psychology, 6.* https://doi.org/10.3389/fpsyg.2015.00283

Metzner, R. (2013). Entheogenic rituals, shamanism and green psychology. *European Journal of Ecopsychology, 4,* 64–77. https://citeseerx.ist.psu.edu/document?repid=rep1&type=pdf&doi=284ee8a0cbefa64d1d28a98eaffc975c9863819a

Louie, M. (n.d.). *Shaman.* Michele Louie Awakening the Healer Within. https://michelelouie.com/shaman/

Oracle, L. (n.d.). *Luminous oracle.* Luminous Oracle. https://luminousoracle.com/

Plant spirit shamanism: working with plant medicine in shamanic journeys. (2022, April 27). Therapeutic Shamanism. https://www.therapeutic-shamanism.co.uk/blog/plant-medicine/

Plants of mind and spirit. (n.d.). www.fs.usda.gov. https://www.fs.usda.gov/wildflowers/ethnobotany/Mind_and_Spirit/index.shtml

Filippo, D. S. (2006). *Angels as spiritual guides.* National Louis University Digital Commons @ NLU. https://digitalcommons.nl.edu/cgi/viewcontent.cgi?article=1054&context=faculty_publications

Shamanic healing. (n.d.). I.e. KAWA. https://www.iekawa.com/soulsessions

Shamanic journeying / psycho shamanic. (n.d.). www.goodtherapy.org. https://www.goodtherapy.org/learn-about-therapy/types/shamanic-journeying-psycho-shamanic

Shamanism - selection. (n.d.). Encyclopedia Britannica. https://www.britannica.com/topic/shamanism/Selection

Shamanistic healing - 2028 words. (n.d.). www.123helpme.com. https://www.123helpme.com/essay/Shamanistic-Healing-30632

Shamans. (n.d.). Nordan.daynal.org. https://nordan.daynal.org/wiki/Shamans

Thomason, T. C. (n.d.). *The role of altered states of consciousness in Native American healing.* Ecstatic Trance: Ritual Body Postures. https://www.cuyamungueinstitute.com/articles-and-news/the-role-of-altered-states-of-consciousness-in-native-american-healing/

University of Minnesota. (2006). *Shamanism.* Taking Charge of Your Health & Wellbeing. https://www.takingcharge.csh.umn.edu/shamanism

What is shamanic healing? (n.d.). www.centreofexcellence.com. https://www.centreofexcellence.com/shamanic-healing/#:~:text=Also%20known%20as%20a%20

Williams, K. (2022). *What is a shaman? types, talents & examples.* Study.com. https://study.com/learn/lesson/what-is-a-shaman.html